DIE FRAU DES TERRORISTEN

Lyrik

*53 Facettengedichte,
jeweils drei Facetten eines Motivs*

Zweiter Band einer Trilogie.

Harald Birgfeld

Harald Birgfeld, geb. in Rostock, lebt seit 2001 in 79423 Heitersheim. Von Hause aus Dipl.-Ingenieur, befasst er sich seit 1980 mit Lyrik. In mindestens 27 Anthologien ist er vertreten. Alle derzeitigen Veröffentlichungen im Anhang.

Harald Birgfeld schrieb seine Gedichte überwiegend während der Fahrten in der Hamburger S-Bahn zur und von der Arbeit, inzwischen mehr als 12.000 Strophen.

Aus dem Gutachten, 1986, einer an der Universität Freiburg tätigen Literaturwissenschaftlerin:

"Es lohnt sich, einmal einen heutigen Dichter kennen zu lernen, der mit der deutschen Sprache einen faszinierend fremden Weg betritt und trotzdem dem Leser Freiraum lässt für eigene Gedankengänge, ohne dass die Probleme in erhobener Zeigefingermanier zu zeitkritischen Trampelpfaden werden."

Buchumschlag: Harald Birgfeld

1. Band der Trilogie: Im Reißverschluss der Illusion
3. Band der Trilogie: Die Insassinnen

Herausgeber, Autor, Redakteur: Harald Birgfeld.
e-mail: Harald.Birgfeld@t-online.de
Im Internet unter : www.Harald-Birgfeld.de

© 2018
Herstellung und Verlag: BoD – Books on Demand, Norderstedt.
ISBN: 9783748130055

INHALTSVERZEICHNIS *(nach Motiven)*............ *Seite*

INHALTSVERZEICHNIS *(alphabetisch).............* Seite

6

Die Frau des Terroristen

In der Asche

Er hatte es an ihr getan
Und hatte ihr nichts angetan
In einer stillen Gartenecke,
Dahin kam sonst niemand.
Beide waren sehr, sehr jung.

Damals hatte er gesagt, er sei Soldat
Und sei verpflichtet, seine Frau,
Und sei sie auch noch nicht die Frau von ihm,
Zu seiner Frau zu machen.
Dann erst würde man ihn ziehen,
Dann erst würde man ihn, den Soldaten,
Zum Soldaten machen.
Das, so hatte er gesagt,
Sei ein Gesetz bei den Soldaten,
Und sie hatte über ihn gelacht,
Und ihm ins Haar gebissen,
Und sie gab sich hin
Aus Spaß, aus Liebe, aus Gott weiß wer was,
Und irgendetwas war an ihm,
Das sie erleben wollte.

Und sie dachte wie im Blitz,
Es hätt' sie auch ein andrer nehmen können.

Dann war es vorbei.
Sie wollte das Erlebnis
Unter allem, was es gab,
Zu Ende leben.
Sie war auch gewiss,
Dass ihr nichts bliebe,
Wenn ihr gar nichts blieb.

Er durfte schließlich gehen.

Jahre später,
Keine Nachricht kam,
Kein Zeichen, dass sie sich erinnern konnte,
Zwang man sie zum Ort des Schreckens.
Einen abgerissnen Vogelflügel,
Der am Straßenpflaster klebte,
Hatte sie sich stehlen können.

Sicher war der Vater ihres Kindes...

Blut an Glas in Leichenteilen
In der Abflughalle,
Leichenteile unter Planen.

Nichts mehr wird sie von ihm wissen dürfen.
Und sie selbst ist nichts
Und darf nichts sein,
Und er, weiß sie,
Ist tot, auf irgendein Kommando,
Und es dämmert tief in ihr
Ein irres Licht.
Es mochte sein,
Dass sie den eignen ausgerissnen Flügel
Aufgefunden hatte.
Viel zu lose hatte er gesessen all die Zeit.
Und sie ist immer noch sehr jung
Und hofft voll Übermut
Auf eine Flugprothese.

In der Flamme

Alles hatte sie sich vorgestellt,
So wie es ist,
Und sie ist ansehnlich
Und einflussreich
Und kommt vom Gegenlager,
Das hat sie geliebt
Und dies nun auch
Und lebt mit ihrem Lebenslänglich
In der Freiheit,
So wie er mit seinem Tod,
Den sprach man vielfach über ihn
Und hat ihn auch an ihn heran getragen.

Sie, das musste sie sich sagen lassen,
Ist die Frau danach.
Die Frau davor kam um,
Die Frau dazwischen fand den Tod.
Sie ist sehr blond und groß und aufgeschlossen,
Hat studiert und will das Studium nicht unterbrechen
Und vertraut auf ihr Geschick
Und baut auf seine Stärke,
Und sie sieht sich letzten Endes
Auch als Bindeglied,
Das soll sich noch bewähren.

Sie bleibt unfruchtbar.
Ihr Schoß gähnt sich
In Leere aus.
Die Medizin versuchte sich
Für eine Zeit an ihr.
Das war umsonst.
An ihm, das weiß sie, liegt es nicht.

Und überhaupt, denkt sie,
Ist zwischen allem eine dünne
Aber zähe Haut,
Die müsste man durchstoßen lernen,
Und sie selbst sieht sich

Als Loch im Fell der Nacht,
Als Tagesstern,
Dem hängen alle mit dem Fernrohr nach,
Der ist so leuchtend hell,
Trotz seiner roten Spur,
Die scheint,
Als hätte man sie angehängt an ihn,
Als ließe sie sich
Kinderleicht entfernen.

In der Glut

Ihre Stärke
Sollte seine Stärke sein, wünscht sie,
Und sie verfluchte, nicht als Mann zu leben.
Keine Frau hätt' ihr mehr
Etwas über Männer sagen dürfen,
Und sie bräuchte sich nicht länger zu bewegen,
Über Schliche nachzudenken,
Ihn zu etwas zu bewegen,
Was sie selber nicht bewegen konnte.

Ja, ja, schreiben könnte sie und planen,
Und es würde keiner lesen,
Oder reisen.
Er dort aber sitzt
Und sagt kein Wort,
Und alle hören zu
Und wissen, was, wovon
Und auch weshalb er schweigt und spricht,
Und immer wieder unterlässt er es
Zu handeln.
Tausendmal hat sie ihn dafür umgebracht,
Auf seinem Platz erschossen
Und erschoss sich selbst dabei.
Die Rücksicht, die sie auf ihn nahm,
Nahm sie auf sich,
Das war ihr großer Fehler.
Fehlerfrei zu sein, denkt sie,

In einer fehlerhaften Zeit,
Das schafft wohl keiner.
Wenn dann seine Hände nach ihr griffen,
Und sie seine Hände nach sich greifen ließ,
Verließ sie sich auf sich.
Sie glühte für ganz andre Dinge,
Als für das Zusammensein.

Dann sicherte sie sich schnell ab,
Dann fand sie die Gelegenheit,
Und schlug blitzschnell
In seinem Ohr die Zelte auf
Und war nun tausendfach in ihm
Und war die Frau, die ihn bewohnte,
Und er sagte "Ja"
Und wieder "Ja"
Und "Du hast recht",
Und er bestätigte ihr Wort,
Und er bedrängte sie
Und dachte auch
"Sie ist die Feder meines Motors,
Schlecht wär es um mich bestellt,
Hätt' ich sie nicht,
Und ohne ihre Spannung,
Ohne ihre Ruhe und Besonnenheit,
Wär alles längst umsonst",
Und sie erschoss ihn wieder nicht,
Und er verstand sie wieder nicht,
Und sie verstand ihn nicht,
Und er war wirklich nicht für sie,
Und sie war wirklich nicht für ihn,
Und andre hatten schließlich auch
Ein Stimmrecht,
Und wer wusste schon,
Wem sie sich noch
Zu ganz geheimer Wahl als Urne bot,
Und er bedachte auch die Zeit,
Die stand zu still für ihn.

Raum und Räumlichkeiten

Die Stärkung

Sie setzte sich an ihren Tisch
Und suchte ihre Speise,
Und der Tisch war voller Speisen,
Und sie suchte nach dem Trinken,
Und der Tisch ertrank darin,
Und an dem andren Ende saß ein Mann,
Der war ihr Mann und sprach:
"Nun iss und trink, es gibt ja alles reichlich",
Und es gab den Reichtum wirklich reichlich,
Nicht nur auf dem Tisch,
Und zwischen ihm und ihr
Befanden sich auf jeder Seite
Drei Soldaten, die bezahlte er,
Die waren schwer bewaffnet,
Und sie standen ordentlich
Und kümmerten sich nicht
Um die Gespräche,
Und sie achteten nur auf Befehle,
Die sie kannten,
Und sie richteten die Waffen
Niemals gegen ihren Herrn
Und niemals gegen ihre Herrin
Und nicht gegen sich
Und hatten ihre Augen überall,
Und sie stand auf und sagte noch einmal:
"Ich finde meine Speise
Und mein Trinken nicht auf diesem Tisch",
Und er verlachte sie,
Und sie ging auf die Straße,
Und er ließ sie gehn
Und teilte die Soldaten ein,
Und drei von ihnen folgten ihr,
Die anderen beließ er, wo sie waren.

Sie betrat nun ein Geschäft,
Dort kannte man sie gut.
Sie selbst war hier das erste Mal
Und kannte sich nicht aus
Sie ließ die Wache draußen,
Die vertraute ihr.
Dort drinnen gab sie ihren Schmuck
Und alle Kleider, die sie trug, als Pfand,
Und kaufte sich sofort ein Billigkleid,
Das sollte sie nicht mehr bezahlen,
Weil es übrig war, es wurde ihr geschenkt,
Das zog sie einfach an.
Sie löste ihre Haare auf
Und ließ sie pfleglos hängen
Und ging aus der Tür.
Die Wache wachte nicht,
Die lehnte mit den Augen nur an der Frisur,
So konnte sie sie nicht erkennen,
Und sie ging an einen Stand
In einer andren Straße,
Kaufte sich ein Brot, das nahm sie mit,
Und ein Getränk, das war noch warm,
Und setzte sich,
Nun von sich selber ausgesetzt,
Auf eine Parkbank, um zu essen.

So begann ihr Leben,
Und es fing mit einer Stärkung an.

_____

Die Schwächung

Er hatte einen Traum,
Der wiederholte sich
Und setzte ihn, wenn er ihn träumte,
So in Angst,
Dass seine Frau ihn wecken musste,
Weil er rief
Und sich vor sich im Bett versteckte,
Und er tat ihr leid,
Sie gab ihr Schlafen auf,
Und lange Zeit begriff er diesen Traum,
Den er zu träumen hatte,
Den er morgens erst erzählte, nicht.

Es war ein Traum, der blieb kein Traum
Und wiederholte sich
Und war ein kurzer Traum,
Und anfangs hatte er ihr nichts
Von seinem Traum erzählt,
Auch weil er glaubte,
Dass ihm daraus Bilder fehlten,
Aber später achtete er ganz genau
Auf jede Einzelheit und jedes Wort,
Und alles stand so unzusammenhängend wie es war
In dem Zusammenhang.

Sein Traum begann mit einer Ruhepause,
Die verbrachte er allein
In einem gelben Sandbett,
Darin stand er angelehnt
An einen gelben Felsen,
Und, kaum dass er diesen Stein berührte,
Hörte er auch schon die Stimme,
Die ihn rief und aufrief,
Sich ihn melden hieß,
Wie sich zu vergewissern, schien es ihm,
Und sagte:
"Du hast einen Mord begangen,
Aber eines ist gewiss,

Du bist der einzige, der davon weiß",
Und er versuchte gar nicht erst
Die Stimme zu entdecken,
Und er fühlte sich sofort entdeckt,
Das Wissen um die Schuld
Brach über ihn
Und warf ihn in den Sand,
Und überdeckte seine Ungewissheit
Ob es eine Wahrheit für ihn gäbe.
In der Wachheit fragte er die Frau
Ob ihm aus seinem Mund
Die Maus gelaufen sei.

Und sie empfand die Frage noch
Als einen Teil des Traumes,
Und für ihn entstand
Tatsächlich das Gefühl für die Gefahr,
Entdeckt zu werden.

Ich leerte meinen Raum

Nachts, das weiß ich,
Steht das Tulpenrot
Nicht mehr in Flammen.
Ja, ich weiß so vieles
Und so vieles weiß ich besser,
Und ich gehe nachts trotzdem ins Zimmer,
Will, dass mich die Blumen überzeugen,
Und sie stehen in der Vase,
Und ein wenig Licht fällt durch die Fenster,
Und die Blumen in der Vase sind tiefschwarz,
Und mich täuscht nichts,
Sie bleiben schwarz
Mit einem Lichtpunkt in dem Kelch.

Ein eigenartiges und sonderbares Werben
Meinerseits setzt ein.

Ich denke an den Tag, der war,
Und ich stand an dem Rednerpult.
Vor mir hielt man mir
Eine große Rede,
Und man öffnete mir dabei
Eine Tür sehr weit
Und hatte mich alleine eingeladen
Einzutreten,
Und es war an mir, den neuen Raum,
In den sie alle schauten, auszufüllen,
Und ich wollte über mich nicht reden,
Und ich dachte an die Stunde vor der Rede,
Als der Saal noch leer war,
Und ich sprach darüber
Und beschrieb den Saal nach meiner Rede,
Wenn er wieder leer wär',
Und ich fragte, was denn diesen Raum
In seiner Zwischenzeit erfüllte.
Es war nur das Wissen um uns selbst
Und um die anderen,
Und dieses Wissen würde
Trotz des Besserwissens in uns bleiben,
Und wir alle würden eben nicht
Den Leerraum mit nach Hause nehmen.

Jeder einzelne füllt
Seinen körperlichen Raum ganz aus
Und kann ihn nicht um andrer,
Nicht um seinetwillen leeren.

Damit endete die Rede,
Und ich leerte meinen Raum,
Und meine Räumlichkeit
Blieb ganz zurück bei denen,
Die die Rede hörten
Und mich mit sich nahmen.

Wird die Nacht zur Nacht

Ein später Abend

So, wie es sich zeigt,
Ist alles aus, und alles ist verloren.
Auf dem Sterbelager liegt die alte Frau.
Man spricht es noch nicht aus,
Und mich hat man gebeten,
Weil ich sie doch so gut kannte,
Und sie hatte mich sehr gut gekannt,
Als Letzter den Besuch zu machen.
Es fällt mir nicht schwer,
Ich habe die Erinnerung an sie, und die ist gut,
Und irgendwann, so denke ich,
Lieg ich vielleicht an ihrer Stelle.

Alt ist dieser Mensch,
Und liegt im Krankenhaus,
Und ich geh' hin.
Man zeigt nur auf das Zimmer,
Lässt mich schon im Flur allein,
Und ich betrete ihre Kammer.
Von den Fenstern fällt die Dunkelheit herein.
Den Menschen kann ich kaum erkennen,
Und sie selbst erkenne ich nicht wieder.
Steil nach oben läuft ein Schlauch,
Es steht und fließt Urin darin,
Der Mensch, den ich nicht kenne,
Ist ganz ausgezogen,
Nur ein wenig zugedeckt,
Er war mir sehr vertraut.

Ich ordne etwas diese Ordnung,
Dann seh' ich es ein,
Die Frau ist weit, weit weg
Und in sich ab- und aufgezehrt
Und kann schon nichts mehr sagen.
Einmal, zweimal schlägt ein dumpfer Laut

Die Lippen auf,
Nur einmal zuckt der Arm,
Den lege ich ihr wieder hin.
Ich sprech sie an, die alte Frau,
Und habe keine Traurigkeit in mir
Und sehe das Geschehen, das geschieht,
Und spreche aus der Ruhe auf sie ein
Und tröste und vertröste sie auf morgen
Und bin schon im Gehen,
Und in dem Gesicht steht als ein Hilfeschrei
Der Schrecken, der bleibt steh'n.
Ich wende mich im Flur an eine Kraft,
Die weist auf eine andre Tür,
Dahinter ist es leer,
Und ich beschließe hier zu warten.

Eine Nacht verdreifacht

Es ist die Nacht,
In der sich eine Nacht verdreifacht
Und nicht niederfällt
Und sich nicht senkt
Und sich als überschwere Wolke
In der Höhe hält.
Sie lässt sich nicht herunter starren,
Sie ist lang,
Und man beginnt sie einzuteilen,
Viel zu heiß ist es im Bett.
Den Menschen, dort im Nachbarbett,
Will man nicht stören,
Und er ist es eigentlich, der stört
Im Gleichmaß seiner Atemzüge,
Das beruhigt auch und widerspricht.
Die Nacht
Gönnt keine Ruhe.
Man hat alles, hatte alles,
Und die Finger gleiten, tasten in Gewohnheit
Über diesen Eigenkörper.
Sie ertasten plötzlich

Eine ungewohnte Stelle,
Die ist schmerzlos, angeschwollen, dick
Und sitzt ein wenig in der Tiefe,
Dass man sie vielleicht schon länger hat?
Die Wachheit wird ganz wach
Und Schweiß bricht aus.
Noch einmal wird betastet
Und noch einmal.

Auf der andren Seite könnte Ähnliches...
Man weiß nicht so genau Bescheid.
Es könnte sein, dass die Verdopplung
Alles klären würde.

Nein, es ist nichts auf der andren Seite,
Nein, es ist dort nichts zu spüren.
Dann der Blitzgedanke:
"Wach schon auf, wach auf, du schläfst".
Kontrolle, Blick auf eine Uhr.
Der Biss in einen Finger...

Und der andre ist gestört, man will nicht
Stören,
Und im Licht am Morgen
Findet man ja kaum die Stelle wieder.
Und man spricht noch nicht davon.
Das Telefon...
Für diesen Nachmittag...
Den Arzttermin...
"Und denken Sie an den besondren Schein
Dafür..."

Nach der Dunkelheit

Es war ein Film,
Der war ein Dokument,
Und viele sahen ihn
Und sahen gar nicht hin,
Und andre kommentierten ihn
Und hätten ihn viel lieber nicht gesehen,
Und sie wandten ihren Blick nicht ab,
Das ließ nicht nach,
Und ich gehörte auch dazu
Und sah auch zu
Und habe zugeseh'n.

Die Hauptdarstellerin war eine junge Frau,
Und als sie kam, mit einem Hund im Arm,
Verriet mir die Bewegung, die sie machte,
Eine Handbewegung,
Die dem Tier in ihren Händen galt,
Und die beruhigend und liebevoll
Den Kopf umgriff und es im Nacken kraulte.
Als sie kam, verriet mir diese Handbewegung
Eine Sympathie,
Und ich war sicher, dass ich diese Frau
Schon lange kannte, ohne sie zu kennen.
Sie ging mit dem Tier,
Es war ein junges Tier, an eine Schachtel,
Die war offen,
Und das Tier im Arm versuchte zu entkommen.
Sie sprach lieb zu ihm und liebte es ganz kurz
Und machte es nicht frei.
Sie setzte es mit einer Armbewegung in den Kasten,
Und das Tier stand still.

Sie strich ihm übers Fell,
Und mit der andren Hand biss sie ganz flink
Die Klammer einer Elektrode in sein Ohr,
Dann sprach sie noch ein Wort.

Der Hund stand weiter still
In einer Stille, die nur ihn umfing.
Sie legte einen Deckel über alles,
Hakte einen Haken ein,
Es war ein Haken, der verhakte nichts
Und war unlösbar,
Und man sah nicht mehr ins Innere.
"Da drinnen ist es völlig dunkel",
Sagte sie zu uns aus ihrem Film heraus.
Sie ging sehr schnell an einen Schrank
Und schaltete den Schalter.

Eine kleine Uhr lief über
Wenige Sekunden ab,
Das waren Stunden,
Und sprang dann zurück.

Sie hakte ihren Haken wieder auf
Und löste von dem toten Hund die Elektrode,
Packte ihn am Fell
Und legte den Kadaver auf ein Fließband,
Das sprang extra dafür an.

Sie gab auch Zahlen an
Für uns aus ihrem Film heraus,
Und zeigte auf den Nebenraum:
"Dort tötet man die Katzen,
Und im Grunde tut man diesen Tieren
Großes Unrecht an".

Irgendeine Einsamkeit

Die stumme Einsamkeit

Vor kurzem war sie noch
Als Lehrerin an einer Schule.
Nun hilft sie in einer Bibliothek,
Darf unentgeltlich Bücher ordnen.
"Wir sortieren nach dem Alphabet,
Das werden sie wohl können",
Rufen ihr die jungen Mädchen zu,
Die grade angefangen haben
Und ihr sagen dürfen,
Was sie hier zu machen
Und zu lassen hat.
Die kleine Niedertracht
Will sie ertragen.

Damals, als sie noch im Lager waren,
Stahl sie die Kartoffelschalen
Aus der Küche,
Und die klebte sie sich unter ihren Anstaltskittel
Auf die nackte Brust
Und trug sie heimlich an den Zaun.
Vom Männertrakt kam dann ihr Mann,
Wenn er es schaffte,
Dem gab sie die Fracht.
Der saß hier ein wie sie.
Dem hielt sie manchmal auch sekundenlang
Das Kleid mit Absicht etwas offen.
Das ging lange gut,
Und immer wieder, dachte sie,
Fügt sich doch alles irgendwie.
Er ist inzwischen tot,
Sie hat nur noch die Kinder.

Als sie in dem Lager waren,
War sie, Gott sei Dank,
Zu alt, um jung genug zu sein,

Und heute fühlt sie sich
Zu jung für dieses Alter.

Zweimal schon saß sie allein
In ihrem Klassenzimmer
Auf dem groben Holzstuhl, tief versteckt,
Mit hoch gezognen Beinen
Zwischen Wand und Schrank.

Das erste Mal als Schulanfängerin,
Das zweite Mal mit diesem Abschiedsbrief
Vom Amt
In ihren Händen.

In der Bücherei, das fällt ihr ein,
Muss sie, wenn sie um etwas fragt,
Die Wörtchen "bitte", "danke" sagen,
Nein, ein drittes Mal
Dürft niemand sie mehr
Auf den Holzstuhl jagen.

Die Einsamkeit, die schreit

Nun hat sie noch das Kind,
Und er hat eine andre Frau,
Die ist, weiß sie, genau wie sie,
Wie sie zu Anfang war.

Vor ihrem Fenster ist die Einkaufsstraße,
Und es könnte sein,
Dass er mit ihr an ihr vorüber zieht
Und sieht nicht einmal hoch.

Sie liebt ihr Kind
Und ist so maßlos ungerecht zu ihm,
Und rächt sich so an ihm,
Sie weiß, er liebt es auch, das Kind,
Und will die Kleine nicht mehr sehn,
Es so vor ihrer Mutter schützen.

Auf den Pflastersteinen
Wird das Knirschen seltener.
Nun geht sie vor die Tür
Und eilt mit festem Schritt
Und doch so schnell es geht
Ins andre Viertel, dort erkennt sie keiner,
Und kauft ein.

Danach geht es ihr besser.

Dann kommt wieder eine Nacht.
Sie achtet jetzt auf jeden Mond.
Wenn er die volle Pracht entfaltet,
Trinkt sie Alkohol
Und redet sich, sie kann dann sowieso
Nicht schlafen,
Schlimme Dinge ein.

Sie klettert auf das Bett
Und hat sich nicht entkleidet
Und er kommt herein,
Wie er es immer tut, wenn sie das denkt,
Und reißt ihr alles ab vom Leib.
Sie zerrt an sich
Und wirft sich hin
Und liegt nun auf dem Boden,
Spürt ihn über sich
Und will ihn wieder nicht
Und weiß, dass er sie auch nicht will,
Und klammert sich erst recht an ihn
Und schimpft auf ihn
Und flucht auf seine Mutter
Und auf seinen Bruder
Und sie weint um sich.

Am Morgen ruft sie ihn
In seiner Firma an,
Nachdem sie ihn zu Hause nicht erreichte,
Und sie hätte nun Beweise,

Und er hätte sie mit jedem Male
Mit Gewalt gezwungen.
Und er legt den Hörer auf
Und denkt ans Kind
Und hätte es beinahe selber gern',
Dass dies der Grund gewesen sei,
Dann gäb' es bald ein Ende.

Die unbewusste Einsamkeit

Von ihm weiß ich nicht viel.
Er geht mich auch nichts an,
Und manchmal steht er
Wie gepflanzt am Nachbarzaun,
Und redet auf mich ein,
Das tat er früher nie.
Ein Gruß von ihm, von mir,
Ein schnelles Wort, bis jetzt,
War alles.
Sonst war nichts,
Und nun begießt er mich mit seinen Worten.

Und vor zehn, zwölf Jahren
Tranken wir am selben Zaun,
Fast an derselben Stelle,
Nur aus Übermut
Ein Glas.
Er lebte damals noch
Mit seiner zweiten Frau,
Die hat ihn dann verlassen.

Seine Kinder gingen ohne große Worte
Aus dem Haus,
Zwei schöne Mädchen,
Denen sah ich lange nach,
Und, das hat er mir auch erzählt,
Davor war eine andre Frau gewesen,
Die war lange tot.
Er hatte einen Sohn von ihr gehabt,

Der starb mit achtzehn Jahren.
Schwer, erinnere ich mich, trug dieser Mann daran.
Man hatte gar nicht helfen können.

Damals kam ein andrer Nachbar
Auch noch an den Zaun.
Der wusste von den Einzelheiten,
Die schwieg er bedächtig an.

Das alles liegt so weit zurück für mich
Und ging mich auch nichts an,
Und ich bekümmer mich
Nur wenig um die Leute.
Manchmal frage ich mich nur,
Warum sie dann und wann,
Wenn ich daneben steh,
Von meiner Tür das Namensschild
Herunterreißen.

Meine Tage sind nicht lang, nicht kurz,
Sie fallen mir nur irgendwann,
Ganz plötzlich ein,
Und schlimm ist auch,
Dass ich die Namen, viele, viele Namen,
Längst vergessen habe.

Manchmal denke ich,
Dass alles völlig unwahr ist
Und dass ich es nicht bin,
Von dem ich rede
Und mit dem ich lebe.

Im Gebet

Der Versuch

Einen Tag lang gab er sich kein Essen,
Einem freien Tag,
Den nahm er, um ihn sich zum freien Tag zu machen,
Und den nächsten auch.

Am Abend gab es etwas Tee zum Trinken,
Und es stand der zweite Tag bevor,
Den wollte er wie diesen ersten fasten.
Zwischen beiden lag die Nacht.
Er wollte seinem Gott ganz nahe kommen.
Was es war, dass konnte er nicht wissen.
Ob er einen Glauben damit meinte,
Oder sich zum Zeugen machen wollte
Für ein übermenschliches Geschehen,
Für die Überlieferung,
Für eine Religion,
Dass sie sich nun in ihm vollziehe
Wiederhole, widerspiegele,
Er wusste nichts davon.
Und schon am ersten Abend
Zitterten ihm seine Hände.

Ungewohnt und schwach
Stand er dem eignen Willen gegenüber.
Der stand schnell in Frage.

Er gab niemals nach.

Die Nacht war voller körperlicher Quälerein
Und Andacht kam nicht auf,
Und die Gedanken kreisten
Nicht um ein Gebet
Und nicht um eine Gottesnähe,
Und sie kreisten nicht um die Vergangenheit,
Dass man Besinnung hätte,

Nicht um irgendeine Zukunft, die wurd fade,
Sondern nur um seine wahre Gegenwart,
Um seinen Leib,
Das wurde schrecklich deutlich.

Gegen Morgen trank er noch einmal
Und füllte etwas Zucker in den Tee
Und sprach zum ersten Mal in sich
Das Wort: "Verzeih",
Er sah sich als Betrüger.
Der Betrug wog schwer.
Sein Zittern hatte sich gelegt,
Und er stand auf.
Erst abends aß er seine erste feste Speise,
Vorsichtig und voller Andacht,
Und mit würdevoller Freude
Aß er trocknes Brot
Und trank noch einmal von dem Tee,
Und sprach zu niemandem davon,
Denn alle hatten viel und reichlich,
Hätten ihm auch gerne viel und reichlich abgegeben,
Selbst sein eignes Haus
War übervoll davon.

Die Versuchung

Sie dachte an das Buch der Bücher
Und an andre Bücher,
Die sich auch die Bücher aller Bücher nannten,
Und zum Schluss, so sagte sie,
Ist alles ein Verzagen und Versagen
Und sich Gehenlassen,
Und man hält sich selber nicht zurück,
Und andre schieben einen hin zu anderen,
Die machen grade ihren Schritt
In eine andre Richtung,
Und der Mann, den ich in meiner Nähe wünschte,
Bleibt nur eine Illusion,
Er lässt sich von mir küssen

Und wischt sich trotzdem mit seiner Hand
Die feuchte Stelle ab.
Und der, der meine Nähe ist,
Küsst mich sogar wo mir die schwarzen Blätter wachsen,
Und ich halte mich an meinem Laken fest
Und stehe nachher lange unter einer Dusche,
Kann und kann es nicht verwinden.
Alles ist verkehrt,
Und alles kehrt sich in sich vor mir um:
Ich in der Liebe dieser beiden Männer.
Der mich lieben darf, liebt meinen Körper,
Und dem, der mich liebt, trag' ich ihn nach.
Er aber streift ihn von sich ab.
Er hat mir seine Liebe eingestanden
Und gestand mir noch,
Dass er in Treue lebe, treu im Glauben,
Und die Treue, die er
Einer anderen geschworen hätte,
Würde er nicht brechen.

Gut denn, gut, nun will ich sein wie er
Und will ihm schwören.
Er ist Inhalt meiner Beterei.
Doch der, der ihn im Glauben lässt,
Ist mir zu kläglich.
Ihm soll mein Gebet als Klagerei
Zum Himmel steigen.

Das Unversuchte

Sie hört ihm gerne zu
Und glaubt ihm jedes Wort,
Und einmal sprachen sie von einem Stern,
Der sollte im Labor gezündet worden sein,
Das, hatte er erklärt,
Wär' eine Folge ganz bestimmter Reaktionen,
Und es ginge dabei um die Strahlen,
Die entstünden,
Nicht um irgendeine Helligkeit.

Er hatte ihr ein Buch gezeigt,
Daraus las er ihr vor,
Und sie verstand ja nichts von dem.

Als Lesezeichen
Hielt er einen Zettel in der Hand,
Der fiel ihr auf, den las sie an,
Es war wohl ein Gebet.

Sie fragte ihn direkt,
Und er bestätigte es so und sagte:
"Alles, alles hat im Leben einen Anfang,
Ich bin ja ein Mensch, der weiß nicht viel,
Dies ist nur ein Versuch, der stammt von mir.
Was du in Händen hältst
Ist wirklich ein Gebet.
Und handelt dummer Weise
Nur von mir.
Ich hebe es mir auf
Als Kieselstein auf einem Weg,
Den jeder geht, und ich wohl auch.
Ich drück es nur ein wenig anders aus.
Es stimmte die Versuchsanordnung
Noch nicht ganz,
Und unversucht wollt' ich es auch nicht lassen,
Und ich denke immer wieder nach.
Ich bin stets in Versuchung".

Über so viel Worte lachte sie,
Weil nichts dahinter stand.
Sie konnte trotzdem, wenn er redete,
Das, was er sagte, nachvollziehn.
Sie hatte früher Ähnliches gedacht
Und aufgebetet, weil man betete.
Nun sah sie ganz verschämt auf ihren Frauenfuß,
Der war sehr schlank und elegant
Und voller Weiblichkeit
Und steckte doch in einem kleinen Kinderschuh.

In der Zelle

Zwischen Fenster und Fenster

Gerne hätte sie die Rolle,
Die sie spielte, auch gespielt.
Vor zwanzig Jahren stand sie
Vor der Frage nach den nächsten
Zwanzig Jahren.
Schauspiel war ihr viel gewesen,
Mehr als allen andren, die sie kannte.
Ganz gewiss, das hatte sie gespürt und auch gewusst,
Doch, was ihr fehlte, war Besessenheit,
Es fehlten ihr die ruhelosen Nächte,
Die sich ihr des Morgens, übernächtigt,
Als den Bleifluss
In den Tag gegossen hätten.
Sie verstand, es musste sich der Traum von einer Bühne
Ohne sie zu Ende träumen.
Sie begnügte sich allmählich mit den Posen,
Die sie aus der ersten Schauspielschule kannte,
Die sie aber immer wieder einstudierte,
Die sie nicht vergessen wollte;
Hatte ihren Brautstrauß
Sozusagen präpariert
Und holte ihn genau genommen
Viel zu oft hervor.

Sie stand dann so vor sich
Und in der Fensterscheibe.
Draußen hatte Regen aufgehört,
Und sie entdeckte sich sofort
In ihrer Nähe.
Sie erstarrte mit dem letzten Tropfen auf dem Glas,
Verharrte mit weit aufgesperrten Mund,
Dem einstudierten Schrecken im Gesicht.
Die flinken Augen kontrollierten ihre Züge,
Huschten über die gespannte Haut.

Sie sah, dass so, im Fensterspiegel
Und bei dieser Pose,
Ihre kleinen Falten völlig schwiegen.
Sie erschrak noch einmal,
Schreckensfreude breitete sich in ihr aus,
Ganz ohne Grund natürlich.
Eine Tür in ihrem Rücken
War ins Schloss gedrückt.
Sonst hielt sie diese Tür
Als Fenster offen,
Damit alle Welt sie sah.

Ja, mitten im Gespräch verharrte sie,
Versteinerte zum Bild,
Das räumlich wurde,
Und genoss die Stille, die um sie entstand,

Dann hörte sie sich weiterreden,
Tat als wäre nichts geschehen,
Hatte sich verzückt
In den Gesichtern anderer gesehen.
Lange würde diese Wirkung dauern.

Dauernd war sie im Gespräch.
Bei Festlichkeiten passte sie die Kleidung
Ihren Posen an,
Das Publikum erwartete von ihr,
Das spürte sie,
Die Perfektion,
Die war schwer zu erreichen.
Immer wieder stellte sie sich
So die Frage nach den letzten
Zwanzig Jahren.

Zwischen Wand und Wand

In seinem Zimmer
Saß er an dem Tisch
Und ließ die Schwärme
Schöner Reden steigen,
Die umkreisten ihn
Und fielen wieder ein,
Und Worte, die er eigentlich nicht kannte,
Landeten auf seiner Zunge.
Dabei sprach er nicht.
Er redete mit stummen Sätzen
Eine Rede nach der anderen,
Er hätte sie so schnell nicht schreiben können.
Alles hatte er versucht.
Nur Brocken kamen aufs Papier.
Er stolperte beim Wiederholen
Und verzweifelte.

Es fiel ihm eine neue Rede ein.
Die hatte nichts zu tun mit der vorher.
Sie tat ihm trotzdem gut.
Sie hob ihn auf von seinem Stuhl,
Dass er die Stimme hob.
Sie war nur innerlich.
Die konnte er nicht mit den Ohren hören,
Darum sprach er einmal laut.

Das war ein Krächzen,
Das war unerträglich laut,
Er schwieg sofort zurück,
Dass er für sich erträglich wurde.
Nein, es machte nichts mehr aus,
Die Rede war nicht festzuhalten.
Und der Sinn?
Am liebsten hätt' er alles mitgeschrieben,
Doch das ließ er sein,
Es ging zu viel dabei verloren,
Und es war ja ohnehin die ganz und gar
Verlorne Rederei.

Vom Klopfen an der Tür war nichts zu hören
Trotz der Totenstille.
Erst beim zweiten Mal
Schob er mit seiner Hand
Die Reden, die nun durcheinander gingen,
Schnell beiseite.
Niemand da, er hatte sich geirrt.
Er konnte weiter machen.
Redete von nun an mit dem nicht vorhandnen Gast,
Den er nicht kannte,
Und er stellte sich ihm vor.
Der wollte ihn nun reden hören,
War sehr aufmerksam,
Verstand ihn auch und richtig.
Der bedauerte an einer Stelle,
Ganz zu Recht und völlig überzeugt,
Dass es zu wenig Leute gäbe,
Die sich für die Reden andrer Leute
Intressierten.

Zwischen Tür und Tür

Sie war sehr alt
Und lebte in dem Altenzimmer.
Niemand hier war abgeschnitten von der Welt.
Sie hatte von den Gegenständen,
Die ihr lieb und wertvoll waren,
Sie an Wichtiges, Besonderes erinnerten,
Das Damals aufbewahrten,
Vieles aufbewahren können.
Auf dem Tischchen stand ein Telefon,
Das durfte sie benutzen,
Musste nur bei Ferngesprächen fragen.
Täglich führte sie ein Stadtgespräch.
Das richtete sie ein.

Sie führte es fast immer zu derselben Zeit,
Das wussten auch die anderen,
Die störten sie dann nicht.

Heut' hatte sie den Automaten
Für die Zeitansage angerufen.
Die war lang und langweilig,
Und nächstes Mal würd' sie sich wieder
Kochrezepte sagen lassen.

Immer rief sie Automaten an.
Sie redete dabei von Anfang an,
Und sie beschwerte sich.
Sie machte dabei Pausen,
Sich zu vergewissern,
Dass die Leitung noch bestand.
Sie fühlte sich nicht alt,
Sie hatte Einsicht.

Einmal hieß es, dass
Die Stimmen dieser Automaten
Selbst aus Automaten kämen.
Und in absehbarer Zeit
Bekämen sie die Möglichkeit,
Auf Fragen, wenn sie einfach wären,
Eine Antwort abzugeben,
Aber das, so glaubte sie,
Würd' sie nicht mehr erleben.
Sicher müsste man dafür
Auch einen Extrapreis bezahlen.

Eine ihrer Nachbarinnen
Fragte sie stets nach dem Telefongespräch,
Ob sie denn Neuigkeiten hätte,
Und sie musste, etwas aufgeregt,
Von dem Gespräch berichten.

Der Tod und das Kind

Die Rufe eines jungen Kirschbaumes

Ich weiß es,
Weil ich selbst der Baum war,
Der im weißen, roten, schwarzen Hemd
Ins Kinderzimmerfenster sehen konnte.
Weiß es,
Weil ich durch den Hauch der jungen Rinde
Jeden Kinderarm vernahm,
Der mich umschlang,
Und jeden Kinderrücken,
Der sich an mich lehnte,
Jede Kinderhand,
Die sich, an mich gestützt,
Die Kinderaugen zuhielt.
Weiß es,
Weil ich, der ich nie
Von dieser Stelle kam,
Sogar die Kinderreime lernte,
Die man über meinen jungen Wurzeln sang.

Nur, weil ich wie die anderen Bäume um mich her,
Zu schnell verwilderte,
Schlug mich ein Axthieb um.
Als grüne Feder fiel ich in das Gras.

Mir bleibt nur wenig Zeit.

Ich weiß,
Mich würde man,
So anders als bei einem Kind,
Erst dann beweinen wollen,
Wenn ich hoch im Alter stünd
Und stürb.

Omayra Sanchez

November 1985, Kolumbien, Arinero.
Nach dem Ausbruch des Vulkans, Nevado del Ruiz, stirbt die
12-jährige Omayra Sanchez in der überfluteten Ruine ihres
Elternhauses, eingeklemmt in Beton und von ihrer toten
Tante Adela unter Wasser festgehalten, bis zum Mund im
Wasser stehend, nach 59 Stunden Überlebenskampf.

Unsre Zeit bedachte nicht die Ketten,
Die die Freiheit mit sich brachte.
Über Satelliten waren wir vor Ort,
Den konnten wir sonst nicht erreichen
Und betrachten,
Und die Augen von millionen Kettengliedern
Sahen auf das Mädchen nieder,
Dem stand brakig Wasser an den Mund,
Und kläglich rief die Stimme,
Weil von unten eine Anverwandte
Es in Totenstarre nicht mehr aus den Händen ließ:
"Wenn ihr das Leiden sehen könnt
Und helft, sterb ich doch nicht umsonst".

Dem Mann der Feuerwehr,
Der mit den eignen Armen
Dieser Armen auch nicht helfen konnte,
Dessen Hirn schon stumpf vom Wissen
Um die fünfundzwanzigtausend Toten einer Nacht
Nichts mehr vollbrachte,
Machte sich und diesem Mädchen Mut
Und zündete sich einen Zigarettenrest
Von neuem an.

Es kam kein Material,
Die Ketten rissen nicht,
Und tödlich wurd' die Dunkelheit,
Die stand dem Kind nun an.

Ein Augenblick der fürchterlichen Stille

Ein Augenblick der Unaufmerksamkeit,
Ein Augenblick, den wünschte man
Im selben Augenblick zurück,
Ein Aufschlag,
Kurz ein Knirschen,
Bremsen bremsen viel zu spät,
Vorbei der Augenblick,
Den man von nun an sieht,
Ein Augenblick
Der fürchterlichen Stille,
Des Nichtgglaubenwollens,
Eines Stillstands jedes Schreies vor dem Mund,
Der atmet nicht, ist schreckensweit,
Und traut sich nicht zu sehen, was er sieht,
Auf grauem Teer
Ein wenig Flüssigkeit
Und etwas Blut,
Und abgewinkelt diese kleinen Arme,
Diese kleinen Beine,
Abgewinkelt auch der Kopf
In einer Ahnungslosigkeit,
Die lässt für nichts mehr Raum,
Und wird zur Hässlichkeit an sich.
Und jede Rettung,
Jedes liebe Wort
Und jeder Kuss
Sind schon zu spät
Gesprochen und versucht
Und ganz vergebens.

Der Wunsch der Wünsche

Das Anbieten

Du bist ein Kind, denk' ich.
Und du hast einen Herzenswunsch.
Es ist dein Wunsch der Wünsche,
Den soll man,
Den will ich dir erfüllen.
Und ich nehme deine kleine Hand
Und führe dich mit kleinen Schritten,
Fast im Stillstand, fast im Stehenbleiben,
In das Glücksland,
Dort soll man dir helfen.

Und die Kinderaugen
Irren von dem einen Wunsch zum andren,
Zwischen Puppenköniginnen, Zotteltieren,
Automatischen Familien,
Über Bilderbücher, die sich selbst erzählen
Und bebildert mit dir reden, hin zu
Häusern aus der Phantasie,
Die sind für Kinder zum Bewohnen,
Und nur Kinder kennen sich in ihnen aus,
Und über Kissen,
Die genau im rechten Augenblick
Das Gutenachtlied an der einen Stelle,
Die so lieblich klingt,
Unmerklich wiederholen,
Über Tastsensoren, die dem Streicheln
Der von dir geliebten Hände
Zum Verwechseln ähnlich sind.

Die Kinderaugen irren, irren, irren,
Und sie füllen sich mit Tränen,
Und die kleinen Hände suchen nach
Ich weiß nicht was,
Und ziehen aus der Tasche meines Mantels,
Ach, ich steckte ihn

Nur aus Gewohnheit ein,
Den komischen und unansehnlichen "Melasche".
"Der", so sagt das Kind,
"Ist auch aus einer andren Welt,
Den liebe ich am meisten".
Und das Kind erzählt mir draußen
Wieder neu von seinen Wünschen:
"Die sind riesengroß,
die kann man nicht
So leicht erfüllen, wie die sich das denken".

Die Erfüllung

Du liegst jetzt unter mir, denk' ich,
Und bist nicht mehr so schön wie eben.
Ja, ich brach das Wort zu meiner Frau,
Du weißt es, deinetwegen, ganz allein um deinetwillen.
Dafür wirst du mich noch töten wollen,
Und ich tat an dir, was Männer gerne tun,
Wenn sie es wollen,
Und ich wollte es, und tat nur dies,
Mehr tut kein Mann,
Und tat mir selbst am meisten an,
Und vorher schon bestrafte ich mich dadurch,
Dass ich mich von dir bereden ließ.

Und nun hältst du die Augen auf,
Bist heller wach als ich
Und quirlst im Fieber über,
Schneller kann man Leben nicht erwecken,
Bist jetzt über mir
Und beißt mit zarten Bissen,
Willst mir das Gewissen, das du siehst,
Vom Leibe zieh'n,
Und bist ein junges Tier,
Das wirft sich auf den Rücken,
Scheuerst dich an mir
Und schlägst noch einmal Funken,
Willst als Drache steigen,

Und mich stellst du an die Schnur.

Ich weiß schon jetzt,
Du wirst, dass es dir alles glückt,
Wie du es denkst,
Und ich versteh' mit Absicht
Nicht ein Wort von den Gedanken,
Die du heimlich in dir trägst und die du mir,
Damit ich sie dann doch begreif',
Mit Fingernägeln auf die Arme schreibst,
"Dass du es weißt, ich will ein Kind von dir".
Du wirst nicht lange fragen.

Gebe doch ein Gott, dass einmal nur ein Wunsch,
Den man erfüllt,
Auch die Erfüllung ist.

Denn wenn es glückt, was du dir denkst,
Auch wenn du es noch leugnest,
Wird mich nun ein Leben lang
Papier von dir begleiten.

Das Verlangen

Wenn der Augenblick
Des Wunsches aller Wünsche naht
Und man ihn sprechen muss und weiß,
Es ist das letzte Mal,
Dass jemand oder man sich selber fragt,
Und vorher sprach uns niemand darauf an
Und auch nicht so direkt
Und nicht so rücksichtslos
Und schlimmer noch,
Wohl die Erfüllung dieses Wunsches meint
In einer Zeit danach,
Von der man gar nichts wissen kann...

Wie bin ich arm,
Zu diesem letzten Wunsch
Fällt mir nichts ein.

Ich könnt' mir etwas
Für die andren wünschen.
Dafür wär' zuvor Gelegenheit
Genug gewesen,
Nein, es sollte für mich ganz alleine sein;
Und für mich selber
Wünschte ich mir schon die ganze Zeit,
Dass Unerfüllbarkeit erfüllbar wäre,
Das ist wenig wert, ich weiß.

Und soll ich mir für die nach mir
Im Vorweg etwas wünschen,
Das mag recht, das mag auch unrecht sein.

Ich schrecke in dem Zimmer auf.
Von meinem Dach, das ist sehr schräge,
Rutscht der Schnee
Von einem Augenblick zum andren
Mit Getöse ab.
Von draußen ist es nicht zu hören,
Und was auf die Wege fiel,
Werd ich mit einer Schaufel
An die Seite kehren,
Bis es von alleine schmilzt.
Im Sommer wird mich nichts
An dies Geräusch erinnern.

Die Frau, die sich verließ

Aus sich heraus

Sie war sehr alt
Und war nicht alt genug
Und ging auf Reisen
Und besuchte junge, fremde Leute weit entfernt,
Die wohnten in der Nähe
Einer alten Dame, die sie kannte,
Und sie wusste nicht viel mehr
Und wurde magisch angezogen,
Und es zog an ihr die Kraft,
Die sie erkannte,
Und die konnte sie sich nicht erklären.

Auf der Reise las sie einen Brief
Von ihrem Mann,
Der war seit einer Ewigkeit
Nicht mehr am Leben,
Und in ihrem Alter
Zählte eine Ewigkeit nicht viel.

Sie hatte einen schweren Atem,
Wenn sie an die Söhne dachte.
Alle waren tot,
Gestorben und erschossen und gefallen.

Damals, als sie selbst Familie waren,
Fiel ihr ein, war eine alte Dame zu Besuch bei ihr.
Die war ganz fremd, die kam Gott weiß woher,
Die kannte ihre Mutter.
Und es schien ihr fast,
Dass alte Damen reisten,
Um sich einzuholen.
Heute kämpften sie mit der Gebrechlichkeit
Und morgen mit den letzten
Zwanzig, dreißig Jahren.

Dann war sie am Ziel,
Und wurde vorgestellt,
Und alles war wie damals,
Als sie selbst die alte Dame bei sich hatten,
Und sie war erneut die junge Frau,
Die war ein wenig überfordert,
Und ihr Mann war nicht so überzeugend,
Ja, drei Söhne hatten sie,
Und spät am Abend trank man Wein.
So einfach, dachte sie,
Lässt sich das Leben wieder wiederholen.

Endlich fuhr sie heim
Und schrieb noch einen Brief
Und einen Dank an diese jungen Leute
Und sie schrieb, sie hätte auf der Rückfahrt
Oft geweint und auch warum.
Und in demselben Umschlag
Steckte auch die Karte über ihren Tod.
Die hatte jemand gleich dazu gesteckt,
Und einmal Porto hatte man dabei gespart.

Aus der Leiblichkeit

Sie hatte einen Doktorgrad erworben,
Und obwohl sie durch die Studien
Lange Jahre ihrer Jugend
Außerhalb der Jugend stand,
War ihr ein jugendliches Aussehn
Und die Unverbrauchtheit ihres Leibes
Eine Leiblichkeit geworden,
Die sie über alles liebte,
Und sie hielt sich oft in ihrer Nähe
Vor dem Spiegel auf.

Dann kam ein Dauerlauf dazwischen,
Weil sie sich auf einen Mann besann.
Es ging Hals über Kopf, und Kinder kamen,
Ohne dass sie sich besinnen konnte,

Und sie wusste schon nicht mehr
Warum sie diesem Mann,
Den man im Grunde gar nicht lieben konnte,
Aufgesessen war.

Nach außen trug sie steinern
Die Fassade einer handgeschliffnen Frau,
Die rührte man nicht an,
Die rührte selber auch an nichts,
Und in der Ehe brach ein Grad
In der Verwüstung aus,
Der war die absolute Fremde,
Und er wuchs mit ihm,
Und Schläge, die sie trafen,
Trafen nicht nur sie.
Sie wehrte sich nach Kräften,
Die verließen sie sehr schnell
Und alles wurde in ihr aufgezehrt.

Er war ein Schläger und ein Trinker
Und ein grober Mensch
Und warf sie auf den Teppich ihres Zimmers,
Und er hielt sein Glied auf sie
Und urinierte über sie.
Sie schrie im Fieber, das brach aus,
Und sie mit ihrem Fieber.

In dem überfüllten Frauenhaus
Nahm man sie auf.,
Und dort sah sie das erste Mal
Seit Wochen ihre Kinder wieder,
Und sie fragte, wie die Kinder denn
Hierhergekommen seien,
Wo sie abgeblieben wären, all die Zeit.
Und, die sie nun betreuten, kannten das
Und hatten sich mit anderen besprochen,
Und sie fassten immer wieder neuen Mut
In ihrem bodenlosen Fass.

In einer Enge eng an eng

Eines Tages dachte sie darüber nach,
Und andre hatten auch schon nachgedacht,
Und einige, das wusste sie,
Die dachten viel zu lange nach
Und überschritten einen Punkt;
Und dächte man zu wenig nach,
Und eigentlich an sich,
Dann kam man nicht zu sich
Und blieb im Sande stecken.

Sie kam aus dem Sand,
Den klopfte sie nun aus den Kleidern,
Die gehörten gar nicht ihr.
Von ihm kam alles Geld
Und alles, was man so als Tagesdecke hatte,
Und er konnte die von einem Augenblick
Zum anderen
Von ihrem Leibe ziehen,
Das war ihre Wirklichkeit.

Sie fasste allen Mut
Und sprach zu ihm von ihr,
Die kannte sie nicht lange,
Das fiel ihr sehr schwer,
Und er war fassungslos
Und hätte einen fremden Mann bekämpft,
Wenn sie ihn hätte,
Ganz bestimmt wär' ihm
Noch irgendetwas eingefallen,
Aber so, zu einer andren ziehn,
Und ihn verlassen wollen,
Wegen einer andren Frau,
Das war nicht zu verstehen.

Und er dachte einen Augenblick
An tiefe Frauenfreundschaft,
Meine Güte,
Aber dies war, wie sie sagte, etwas anderes,

Und in der Wut
Zog er sie in den Schmutz,
Und sie beschmutzte ihn in keiner Weise,
Er war hilflos,
Und sie sah ihn fallen
Und beherrschte ihn in seinem Fall,
Das wollte sie nun wirklich nicht
Und tat es doch ausdrücklich,
Und sie zeigte ihm
Wie schwach die Wut auf seiner Seite war,
Und bot sich ihm ganz einfach an,
Zum Abschied sozusagen,
Und sie hatte recht
Und spielte hoch,
Und erst im letzten Augenblick
Besann er sich
Und warf sie ohne Rücksicht,
Ohne irgendetwas aus der Tür.

Sie ging sofort.

Und draußen, sah er,
Nahm sie jemand in Empfang.
Und zueinander liebevoll geneigt
Und eng an eng
Entfernten sich zwei Frauenköpfe.

_____

Der verkaufte Verkäufer

Der verkaufte Verkäufer, I.

Sein Lebtag wollte er Verkäufer sein,
Und das, so dachte er, sei gut.

Es gibt im Leben nichts,
Das nicht auf irgendeine Weise
Angeboten, angefragt, benötigt
Und verzweifelt abgestoßen wird,
Und immer muss ein zweiter sein,
Der will genau das Gegenteil.

Der edlere Verkäufer
Ist nun nicht so plump
Und bietet an und handelt ein,
Der wartet auf Gelegenheit,
Die fädelt er in unsichtbare Ösen
Und verwandelt sie zu einem Band
Mit dem er seine Sache näht.
Er kann dann den Verdienst allein bestimmen,
Und es hält zusammen,
Und es mehrt noch seinen Ruf,
Und es beflügelt ihn zu größerem Gelingen.

Eines aber, hat er schnell erkannt,
Ist nicht zu übertreffen.
Wenn man es versteht, die Käufer
In der Angelegenheit allein zu lassen,
Wenn sie sich mit ihrem Herzen,
Ihrer Seele etwas wünschen
Und ihm den Verdienst,
Weil sie ans Gute in ihm glauben,
In die Wohnung tragen,
Und ihm dankbar sind,
Und er noch oben drauf,
Auf das, was er verdiente,
Ganz verschämt die Dankbarkeit

Verzinsen lassen kann,
Sie sich als Rente ständig ohne neue
Arbeit bringen lässt,
Dann, denkt er, hat man wohl
Sein Ziel erreicht,
Und fühlt sich als ein edler Mensch.

Der verkaufte Verkäufer, II.

So wurde er Verkäufer,
Und er sah hindurch
Und konnte das, was er verkaufen sollte,
Gar nicht lieben,
Ja, er hasste die Gespräche, die er führte,
Und er musste davon leben.

Seine Koffer packte er mit Sorgfalt
Jeden Tag,
Dass alles griffbereit
Und immer übersichtlich war.
Er selbst war nichts, ein Niemand,
Und er könnte, wenn er wollte, Jemand sein,
Das aber eben mochte er von sich
Nicht wollen,
Und man kaufte nichts bei ihm,
Und was er anbot,
Machte niemanden zufrieden.
Die er doch zufrieden stellte,
Kauften nur um seinetwillen,
Und sie gaben es gleich wieder mit,
Und davon lebte er.

Zum Schluss, so sah er sich,
War er ein ganz besonderer Verkäufer,
Der verkaufte sich
Und konnte eigentlich verkaufen,
Was er wollte.

Der verkaufte Verkäufer, III.

Er hatte die Idee,
Und die Idee an sich ist immer gut.
Er sagte so zu sich:
"Die Tür, die einerseits,
Wenn ich das Haus verlasse,
In die Freiheit führt,
Führt andrerseits,
Kehr' ich am Abend heim,
Ein zweites Mal in meine Freiheit".

Er begriff nun den Zusammenhang
Und auch was er bedeutete,
Und er erzählte es herum,
Und alle stimmten zu,
Und keiner hörte hin,
Und er begann, wie es geschrieben steht,
Das Wort zur Tat zu machen.

Lange dachte er darüber nach
Und wollte auch,
Dass jeder ohne eine Tat
Das Wort sofort verstand.
Nur wie,
Das wusste er noch nicht,
Bis er durch Zufall eines Abends
Seine Haustür offen fand.

Es traf ihn die Erkenntnis
Als ein Blitz,
Und ohne sich noch zu besinnen,
Schlug er Tür und Rahmen aus dem Haus
Und ging sofort danach die Runde,
Seinen Einfall zu verkünden,
Und er würde nun in seinem Leben
Niemals wieder seine Tür verschließen
Müssen.

Diese Freiheit, meinte er,

Begriffe jedermann
Sie führte ja in beide Richtungen.
Dann ging er in sein Zimmer.

Jeder wusste, dass er dort alleine lebte,
Und man brauchte sich
Nicht sehr um ihn zu kümmern.

Erst sechs Tage drauf
Fand man ihn tot in seinem Blut,
Erschlagen mit dem Türknauf,
Der war von ihm selber abgeschraubt,
Beim Ausbau.

Im Geröll

Abgerutscht

Zu Anfang sprach ich gern mit dir,
Und seinerzeit, als ich das Sprechen lernte,
Sprach ich oft mit dir,
Und meine Sprache war ganz neu,
Du fandst sie ungeheuerlich.
Ich sprach vom Wort im Wort des Wortes
Und vom Ball im Ball des Balles,
Nirgends hatte man dir Ähnliches gesagt,
Und schwer würd ich es haben,
Ob ich mich denn selbst verstehen könnte,
Ob ich wüsste, was ich sage,
Und, obwohl doch ich es war,
Der diese Sprache lernte,
Warst du es, die immer wieder Fragen stellte
Und die immer weniger verstand
Und deren Neugier wuchs
Und der Verdacht,
Und andere befragtest du nach ihrer Meinung über mich
Und stelltest sie vor mich
Und überließt mich ihnen,

Und sie gaben sich verständnisvoll
Und waren mir und dir in allem überlegen,
Und ich merkte es zum Schluss
Und gab es auf
Und wurde leiser,
Sprach auch weniger
Und endlich schwieg ich ganz
Und sprach nun wieder so
Wie ihr es kanntet

Deine Freunde ließen mich,
Es gab im Grunde auch nichts mehr,
Und dein Verdacht bestätigte sich nicht,
Und ich zog mich von dir zurück.

Mit beiden Füßen hing ich über einer Kante.
Oben auf dem Weg
Verlöschte auch das letzte Licht,
Es liefen noch die kleinen Steine nach
Und rollten über meine Hände,
Sonst bewegte sich auf diesem Hang
Nichts mehr.
Und hielte ich nun wirklich still,
Dann wäre das wohl die Gelegenheit
Zu überleben.

Ausgerutscht

Du hattest dich an eine Haut gelehnt
Und rutschtest von ihr ab.
In deinem Horoskop stand etwas
Von der großen Liebe,
Die käm auf dich zu,
Die würde dir zu dem Problem,
Das müsstest du nun selber lösen,
Und es stand nicht wie.

Der Lichtpunkt auf der Scheibe
Zeichnete mit seinem Auge

Unsichtbare Schleifen und Figuren.
Später sahst du,
Wie genau du dich im Blickfeld hattest,
Und du fragtest dich um Rat.
Du wolltest schreiben,
Und du wusstest, dass du immer
An die Wahrheit denken
Und nur schreiben würdest,
Was dir selbst begegnet war.
Du brauchtest Abgeschiedenheit
Und brauchtest das Erlebnis,
Das entstand in deinem Kopf,
Und du empfandst es nicht
Als eine Art Betrügerei,
Und halfst dir nicht dabei,
Und du erlebtest doch
Die größte Unwahrheit,
Die richtete sich gegen dich allein.

Die Haut, an der du lehntest,
Wurde zum Geröll,
Ein weites Feld,
Das dehnte sich unendlich aus
Und ließ dich keinen Schritt
Mehr machen,
Und in deinem Kopf entstanden
All die Bilder,
Die schriebst du nun nicht mehr auf
Und hattest es auch satt,
Mit deiner Lügerei, die keine war,
Obwohl du damit andere betrogst
Um eigene Gedanken.

Nur gestolpert

Auf dem Marktplatz
Stand die junge Frau.
Sie war in ihrer Heimatstadt.
Die Augen stiegen mit dem Schwarm
Der Tauben in das Himmelsgrau.
Dahinter, wusste sie,
Verbarg sich eine Sonne.

Ekelhaft kam es sie an,
Als in der Nähe jemand leise flötete.

Die Leichtigkeit der Töne
Und dass der, der flötete,
Sie gar nicht meinte,
War die Tür in ihrem Rücken,
Die flog unerwartet heftig zu.

Die Brücke war nun nicht mehr weit,
Und unten fuhren Züge.
Das Geländer hatte sie erkundet
Und sie war auch schon einmal
So weit gewesen,
Dass sie mit dem einen
Fast dem ganzen Bein....
Sie schauerte.

Man wusste ja auch nicht,
Wie lange alles dauern würde.

Sie war feige,
Das war ihr Problem,
War feige zu den anderen,
War feige zu sich selbst,
Es fehlte ihr an Mut,
Sonst hätte sie nicht immer wieder
Die Gedanken an die Brücke,
Oder würd' es endlich tun.

Sie schlenderte entlang am Gitter
Und der Zeigefinger ratschte über alle Sprossen,
Dass daraus ein Schwington kam,
Der sang ganz harmlos neben ihr,
Das kam gut an,
Und außerdem, wem könnte ihre Tat
Gefallen,
Wer würd' außer ihr
Die Bitterkeit bemerken,
Die auf ihrer Zunge lag,
Und wenn, so dachte sie,
Tu ich es nur an einem Sonnentag.

Gläserein

Vom Leben in dem Glasgehäuse

Er hat in seinem Haus ganz kleine Anker,
Winzig kleine Retter aus der Not,
Die hat er heimlich aufgestellt
Und wacht auch über sie,
Dass sie ihm nicht verlorengehen.

In der Küche, dort wo ständig
Nachrichten und schreckliche Berichte
Auf die Frühstücksbrote rieseln,
Wo das Radio sich völlig frei bewegt
Und alles sagen, alles bringen darf,
Und sich als Zirkus mit Manege,
Mit Direktor,
Ja, mit Clown und Publikum serviert,
Wo selbst die Kinder
Schnell noch in der Zeitung lesen
Und beginnen vor dem Schulweg eine Politik,
Die sie zu diskutieren
Niemals die Gelegenheit bekämen,
Auszudiskutieren,
Hier in dieser Küche

Steht ein Porzellandelfin,
Nicht größer, als ein Kindermund,
Mit blauen Flossen und mit übergroßen Augen,
Die von einer Unschuld sagen,
Die er nicht versteht.
Vom Meer, das weiß er, weiß der nichts.

Er hat den Platz auf einem Küchenbord
Und neben ihm hat er zur Tarnung
Noch ein Püppchen stehn,
Das ist genauso klein
Und lenkt ein wenig ab
Und ist sehr schön
Und stimmt mit seinen Proportionen
Und mit seinen Farben überein,
Und hat für ihn doch kaum Bedeutung.

Oben gibt es noch das Zimmer,
Das wird kaum benutzt,
Hier schlafen er und seine Frau,
Und abends lässt er sich für eine Stunde
Oder zwei an seinem Schreibtisch nieder
Und verfällt auf allerlei, das schreibt er auf
Und lässt es auch veröffentlichen,
Und er schreibt auf diese Weise viel,
Und er bedenkt dabei unendlich viele Kleinigkeiten,
Die bedenkt sonst keiner,
Und auf seiner Fensterbank
Steht übers ganze Jahr,
Im Schatten der Gardinen,
Dieser Friedensengel, auch aus Porzellan.

Den kennen alle, der wird respektiert,
Und jeder setzt ihn,
Wenn er ihn versehentlich verschiebt,
Zurück an seinen Platz,
Und die erhobnen Hände, wissen sie,
Und das verlangt er,
Müssen zu dem Platz am Schreibtisch weisen.

Vom Aufbau einer Glaslandschaft

Schon in der Jugend hatte er begonnen
Seine Unterschrift zu üben,
Und sie sollte flüssig sein und etwas zeigen
Und ihm, wie man sagt, "aus seiner Feder fließen",
Und sie floss so eifrig
Und entfernte sich sehr schnell
Von ihrer Wirklichkeit
Und wurde bald unleserlich.
Das hatte er gewollt und beibehalten,
Und in all den Jahren hörte seine Überei
Nicht auf.

Am Ende schrieb er anfangs schließlich
Nur noch einen Haken,
Daran hing ein langes Band,
Das war sein Name.
Wer ihn kannte, kannte seine Unterschrift
Und konnte sie doch nicht erkennen,
Und das wollte er,
Und andere, das wollte er wohl auch,
Die sollten fragen, wer das sei und wer er sei
Und was er sei, wenn er das sei,
Und ihn beglückte das,
Auch wenn ihn niemand fragte.

Als die Unterschrift nun ausgeprägt
Und fertig war und ausgereift
Und ihm gelungen schien,
Ließ er im Hause alle Gläser,
Die er hatte, mit dem Namenszug gravieren,
Ließ ihn in die Kleidung sticken,
In Bestecke schneiden
Und in seinen Siegelring.
Die Muster für Gardinen, Teppiche
Und die Tapeten ließ er sich damit entwerfen,
Und der Türgriff seiner Haustür
War der Name selbst,
Er ließ sein Porzellan bemalen

Und verfasste eine Niederschrift,
Die Auskunft gab, wie seine Unterschrift
Entstanden war
Und dass sie über viele Jahre
Hatte reifen müssen,
Und ließ sie als Buch verlegen,
Und es wurde rasch bekannt.
Und seine Unterschrift,
Die fing ein Eigenleben an
Und löste sich sehr schnell von ihm,
Und irgendjemand machte
Ein Geschenk daraus für jedermann,
Und jeder kannte schließlich jedes über sie
Und hatte sie bei sich zu Haus,
Und ihm ins Haus trug man Prospekte,
Dass er nicht der allerletzte sei,
Der von der Unterschrift erfahre.

Einbruch in das Glasgehäuse

In seiner Hand befand sich eine kleine Vase.
Auf dem Schild, das außen an der Seite
Dieses Glas beschilderte,
Stand, dass man Kunst in seinen Händen halte,
Und im Inneren des Fußes stecke
Eine kleine Blase,
Diese sei dafür ein Zeichen,
Und das Ganze sei auch mundgeblasen,
Und er sah von außen auf die Perle,
Die im Innern saß und keine war,
Und sah auch die Entfernung bis dorthin,
Die war unendlich groß,
Weil man mit nichts dorthin gelangte.

Diese Vase ließ er nicht aus seiner Hand
Und stellte sie auf einen Tisch
Und setzte sich davor
Und sah auf ihren Mittelpunkt,
Der war nicht in der Mitte,

Und er konnte sich den Hohlraum nicht erklären,
Und der war doch auch mit Luft gefüllt,
Und böte einen Lebensraum,
Wenn man gar keinen Raum mehr hätte,
Und der wäre nicht genug, weil alles fehlte,
Und er würde schnell zum Un-Gemach,
Das hatte auch nur eine knappe Höhe,
Dass man sich nicht stellen konnte,
War so eng, dass man nicht liegen
Und nicht sitzen konnte,
Und es wäre Quälerei an sich.

Er sah die Kunst vor seinen Augen nicht
Und konnte in der Blase nichts entdecken,
Die war rein und säuberlich
Und statt der Luft, so dachte er,
War sie vielleicht mit einem Gas gefüllt,
Das wäre aus Metall entstanden,
Das wär in der Glut der Schmelze
Um sich her verdampft
Und hätte so den Ball gebildet,
Und er dachte an den Zwischenraum,
Der stand nun zwischen ihm und ihm
Und hinderte ihn daran
Die Gewissheit zu erfahren,
Und der Zwischenraum war auch aus Glas,
Und nach zwei Stunden
Hielt er alles nicht mehr aus
Und wickelte die Vase in ein Tuch
Und schlug mit einem Hammer
Auf die Stelle
Und zerschlug die Kunst
Und auch das Glas
Und wickelte begierig alles wieder aus,
Das waren tausend Scherben,
Die verrieten:
Zwischenraum und Blase hatten
Niemals existiert.

Zarter Kuss in grellen Farben

Die Verschmelzung

Man wusste von dem grünen Land,
Und alles, was man dort im Grünland kannte,
War auch grün.
Es gab in dieser Farbe keinen Unterschied,
Und eine Wissenschaft
Befasste sich mit jedem Grad der Grünheit,
Nur um festzustellen, ob es einen Regulator
Für die absolute Grünheit gäbe,
Oder eine Messbarkeit für etwas,
Was sich sowieso nicht änderte.
Das einzige,
Was man an Farberei erkennen konnte,
Waren Lichtabweichungen,
Die durch den Sonnenstand
Und durch den Abend,
Durch die Nacht
Und durch den Morgen unabweichlich waren.
Das war ja naturbedingt.

Der Himmel und die Wolken
Waren einheitlich und grün.
Man sah sie nur,
Wenn man sich einen Filter
Vor die Augen setzte,
So entstanden ungewöhnlich schöne Farben,
Jede neue Farbe weitete das Wissen
Und die Farberei.

Sonst war das Leben so wie hier
Und anderswo.

Hier also,
Das vergaß ich wohl zu sagen,
Leben wir im Gelb,
Das ist total

Und hat ganz andre Möglichkeiten,
Ist viel wärmer und viel freundlicher
Und sonnenähnlicher,
Und Gelb war immer schon
Die schönste Farbe aller Farben.

Unser Wissen um die Möglichkeiten
Und die Existenz der andren Farben
Ist viel ausgedehnter,
Und wir haben unser Gelb in unsre Kunst,
In die Musik, in unser Wissen aufgenommen,
Ja, wir existieren mit uns selbst
Und lehnen uns nicht ab.

Wir haben auch ein Ideal,
Das ist das Wappen unsres Landes,
Und es neigt sich über eine junge gelbe Frau
Ein junger Mann mit unbekannter Farbe,
Und den Kuss, der zwischen beiden steht,
Trennt nur noch eine schmale Kante.

Dieses Bild erregt uns alle
Wegen einer Möglichkeit,
Die liegt in der Verschmelzung
Greller Farben.

Die Begrüßung

Er war Monteur und kam oft raus
Und lebte in der großen Stadt
Und kannte sich dort,
Wo er nicht Zuhause war,
Oft besser aus,
Und in dem einen Land
Befanden sich die Frauen,
Die aus dunklem Porzellan gegossen schienen,
Sehr im Aufbruch,
Und sie boten sich den Fremden an
Und waren tagelang
Zufriedene und demutvolle,
Dabei lebensfrohe Menschen,
Die bis in die Morgenstunden
Zur Verfügung standen,
Und er hatte eine, die, so dachte er,
Wär gut für immer,
Und sie hing ihm sehr, sehr an,
Und er beschloss,
Und sie beschlossen sich
Und kümmerten sich um Formalitäten,
Hier bei ihr
Und hier bei ihm,
Und mit der Sprache
Kämen sie schon irgendwie zurecht.

Er reiste noch einmal zurück
Und wieder hin zu ihr
Und nahm sie schließlich mit
Und musste sie schon wieder lassen,
Und er überließ sie eilig ihrem Glück
In ihrem neuen Glück
Und war gelassen und zufrieden,
Und man musterte den Mann,
Der so viel Mut besessen, so gehandelt hatte,
Und es gab auch andere,
Die hätten fast wie er gehandelt,
Und er überließ ihr seine Wohnung,

Und er musste ihr sie überlassen,
Die war völlig neu,
Das konnte er sich leisten.

Dann kam er das erste Mal zurück
Und sie empfing ihn
Mit dem sanften Wesen,
Das er an ihr liebte,
Und sie hatte alle Gegenstände eingerichtet,
So, wie sie es kannte,
Und im großen Zimmer standen
Seine Sessel umgekehrt
Um seinen neuen Tisch,
Darüber hingen Tücher, Decken, Laken,
Und sie kroch mit ihm hinein
Und hatte dort die ganze Zeit gelebt.

Er sah schon nicht mehr hin.

Mit Kerzen
Rund vor einem Schrein
Mit Ahnentafeln
Inszenierte sie für ihn
In ihrem Reich
Die Feier seiner Wiederkehr
Und die Begrüßung
Und das Wiedersehen.

Ein gespaltener Kuss

Sie hatte einen kleinen Zoo
Und liebte Tiere
Und erzog sie richtig,
Und sie hatte einen kleinen Affen,
Der war anfangs immer menschenscheu,
Dann ließ er nicht mehr nach,
Sich überall zu produzieren,
Und sie hatte einen Otter,
Der war flink und otternschnell

Und warf sich auf den Rücken,
Und die Hände
Hatten immer etwas in den Händen,
Und sie hatte neben zwei, drei Papageien
Zwei sehr schwere, schöne Schlangen,
Jede fast drei Meter lang
Und schwer zu tragen,
Und man sah nun, dass sie sich auch selber
Schlangengleich bewegte
Und sich diese Tiere
Um die Schultern legte
Und sie sich bewegen ließ,
Weil sie sich selbst bewegte.

Alle Tiere hatten Namen,
Und sie lebte vom Besuch mit ihnen
In den Schulen.

Sie trat unter einem Künstlernamen auf,
Natürlich als Solistin,
Und war "Schlangenküsserin"
Und küsste ganz zum Schluss
Die Schlangen wirklich auf den Mund,
Und aus den Spalten sah man auch
Die Schlangen ihre Spaltenzungen halten,
Dann verdrehte sie den Kopf der Tiere so,
Dass beiderseits,
Aus ihrem eignen Mund,
Die spitzen Zungen
Nun zu schnellen schienen,
Und es war ein grauenvolles Bild,
Das zeigte eine raffinierte Tiefe
Und auch eine große Liebe.
Sonst, erzählten sich die Lehrerinnen
Und die Lehrer,
Lebt sie mit den Tieren
Tag und Nacht auf ihrem Zimmer,
Und Familie oder andere Hilfe
Hat sie nicht.

In der Liebe

Am Morgen

Sie fasste einmal Mut
Und ging zu ihm
Und wollte mit ihm reden,
Und sie liebte ihn,
Nicht wie die andren Menschen einen Menschen lieben,
Und sie wusste auch nicht wie
Und kannte ihn nur wenig,
Und er war bekannt,
Und seit zwei Jahren hatte sie ihm wöchentlich
Zwei Briefe zugesandt,
Darin war alles aufgeschrieben,
Was sie sagen wollte,
Was sie für den Menschen, den sie wenig kannte,
Den sie kennenlernen wollte,
Den sie viel zu selten sah,
Empfand.

Zu sehen war er nur bei einem
Öffentlichen Auftritt,
Und es schirmte ihn dabei
Dieselbe Öffentlichkeit ab,
Man kam zwar nah an ihn
Und doch nicht nah heran.

Vielleicht bekam er viele Briefe,
Sehr viel Post.
Sie schrieb ihm, das war sicher lächerlich,
Auf seidenem Papier,
Das steckte sie in rosa Briefumschläge,
Aber, hoffte sie, die Briefe fallen auf.

Sie war auf ihrem Weg,
Das war der Weg zu ihm,
Und mehrmals hatte sie ein Bild von sich
In ihre Post gesteckt,

Und sie war schön und etwas still,
Das war nur gut,
Und an der Haustür stand ein kleines Namensschild,
Nicht mehr.
Es fragte jemand nach dem Läuten aus der Tür
Und vor der Antwort ging die
Automatisch auf,
Und oben auf der vierten Treppe
Stand sie ihm schon gegenüber.

Und er hatte recht
Und sprach sie so auch an,
Sie wäre sicher wieder jemand,
Der ihn aus der Nähe sehen wollte,
Und im Augenblick möcht' er auch keine Presse,
Und sie wusste nicht mehr ein noch aus
Und sagte dann ganz schlicht:
"Ich komme Ihretwegen
Und um meinetwillen,
Und es ist nicht mehr".

Sie dachte sich sofort,
Dass er wohl ihre Briefe
Nicht mehr las,
Und drinnen, sah sie, war ja keine Ordnung,
Und das gab ihr Sicherheit,
Und dieses Reich, das schwor sie sich,
Würd' sie auch niemals ändern wollen.

Und er gab ihr zu,
Dass er mit ihr vielleicht für ein Gespräch
In ein Cafe...
Und zögerte und sie verstand
Und lud ihn ein,
Und er nahm an und schloss die Tür
In seinem Rücken ab.

Als er noch einmal öffnete
Und seinen Mantel holte,
Schob er mit dem Fuß die Post beiseite,

Sie sah unter ihr auch einen rosa Brief,
Der klebte fest, den ließ er liegen,
Wo er war.

Am Mittag

Die Ergänzung, die sie füreinander waren,
War die Fügung ihrer selbst,
Und jeder von den beiden kam bis hier,
Herausgelöst aus dem Gefüge,
Jeder schob danach sich wieder ein,
Und sie ergänzten sich
Und waren sich, wie man es sagt,
In Liebe zugetan
Und taten sich viel Liebes und in Kosenamen an
Und taten es sich selbst und ihrer Liebe an.

Man kannte sich zu kurz,
Man durfte in der Eile
Nichts mit der Vergangenheit vergleichen.
Hier mit ihm betrog sie ihren Mann,
Und konnte heftig, leidenschaftlich lieben,
Das hielt an,
Solange sie mit ihm zusammen war,
Und er gab ihr nicht das Gefühl,
Dass sie der Anlass eines Treuebruches sei,
Sie meinte eher, dass sie ihn
Aus einer Dauerquälerei befreite,
Und sie fragte auch nicht viel.

Sie hatten sich bei einem
Fluchtversuch getroffen,
Der war schon von vornherein gescheitert,
Und sie standen dabei eng im Zufall
Und eng aneinander
In dem Treppenaufgang des Museums,
Wo man die Besonderheit erklärte,
Und die Rücken ihrer Hände stießen aneinander,
Und sie sahen nicht dahin

Und wollten ihre Augen nicht
In eine falsche Richtung wenden,
Und vertrauten auf den Augenblick.

Sie schlug die Augen nieder,
Und er sah ihr ins Gesicht
Und rollte dabei seine Hand
Auf ihrer ab, sie blieb dabei,
Dann schoben sich die Hände ineinander,
Und er zog in seinem Glück
Die Hand in seiner Hand ein wenig ab
Von ihrer Wand und hielt sie fest
Und gab sie dabei etwas frei,
Und sie erwiderte den Gruß,
Und an dem Treppenende
Sahen sie sich immer noch nicht an
Und sprachen bis zum Ende nicht
Und ließen sich nicht los.
Die Stadt war klein
Und groß genug,
Und er war unbeholfen,
Und er kannte diese Gegend nicht,
Und sie sprang ein,
Und beiden war ja alles unbekannt.

Sie mietete ein Zimmer,
Und das zahlte er und sagte gleich,
Sie kämen jetzt wohl öfter wieder,
Und er zahlte gut,
Sie lächelte zu dem Empfang
Und ihn in wahrer Freude an,
Und draußen hielt die Sonne für sie an.

Das Zimmer lag in Ruhe,
Und sie öffnete den Schrank
Und sah nur so hinein
Und schloss ihn wieder,
Und er hielt sie schon im Arm.

Sie sprachen nicht
Und als sie sprachen, sagte sie sofort:
"Sprich nicht von dir,
Ich möchte dich nach allem,
Was ich von dir wissen will, befragen".

Und er musste sagen,
Was er von ihr dachte,
Und er dachte viel und an sein Glück
Und nicht an das, was sie wohl dachte,
Und es war ein erster Tag für sie,
Der überstrahlte alles
Was es jemals gab an Sonnenstrahlen,
Und sie machten nachher gar nichts
Miteinander aus
Und gingen ohne ihre Namen aufzusagen,
Und sie hatten ja die Kosenamen von vorhin,
Die klangen noch im Ohr,
Und die bedeuteten nun alles.

Vor der Eingangstür,
Noch in der Dunkelheit des Flures,
Legten sie sich ihre Köpfe
Gegenseitig auf die Schultern,
Und sie roch an seiner Haut
Und er in ihrem Haar,
Und eine Nachricht, wenn es eine geben sollte,
Könnten sie bei dem Empfang erhalten
Oder hinterlassen,
Und es stand die Tür, weil sie als erste ging,
In seiner Hand ein wenig offen,
Und er sah ihr nach.

Am Abend

Wenn sie nicht so wäre, wie sie war,
Hätt' er sie nicht bis jetzt ertragen können,
Und sie liebte einmal nur sich selbst
Fast bis zur Selbstaufgabe,
Bis zur Selbstverleugnung,
Und sie lebte in der Eifersucht,
Bis an den Rand der Raserei.
Und er saß auf dem Spinnennetz der Weiblichkeit,
Das diese Frau verbreitete, gefangen,
Und er spann sein eignes Netz,
Das war viel klebriger als ihres
Und war doch direkt als Übergang zu ihr gebaut
Und ließ ihn schneller als in größter Eile,
Zu ihr hin,
Und sie war stets bereit
Und fand im Ende erst den Anfang,
Und sie warf ihm schon in kleiner Liebelei mit ihr
Die Blicke die er sonst noch hatte, vor,
Und alles sähe sie,
Und nichts ging' ihr verloren,
Und sie sähe gar nichts ein,
Und grob sei er und rücksichtslos,
Wenn er bei ihr und in Gedanken
Ganz woanders weile;
Ihre schönsten Jahre wären noch nicht um,
Und sie sei völlig ungebunden,
Und sie konnte tätlich werden,
Wenn er nicht mehr tätlich war,
Und trieb ihn an,
Und ihm wurd ihre Welt zu seiner Welt
Und tat, was sie noch wollte,
Und sie hatte Fähigkeiten,
Die sprach er nicht aus,
Und sie beschrieb in diesen Augenblicken
Alles, wie es ihr die Worte gaben,
Und die waren ihm so fremd.

Dann endlich gab sie Ruhe,
Ging nach nebenan
Und holte sich vom Alkohol,
Und müsste sich, rief sie zurück,
Von ihm erholen,
Und er sei brutal und ohne ein Empfinden,
Und der Körper einer Frau
Sei Eisen unter seinen Händen,
Und sie kam zurück, ihm ihren nackten
Körper vorzuführen,
Und sie zeigte auf die Stellen,
Die nun wirklich rötlich waren,
Und die würden blau,
Die könnte sie ja ihrer Freundin zeigen,
Doch sie würde gar nichts sagen,
Wie ein Mäuschen schweigen,
Wenn er jetzt noch einmal,
Noch ein letztes Mal....

Er rollte sich zur Seite
Aus dem Bett, und sie war stark
Und hockte sich auf ihn
Und wollte auf ihm reiten,
Und sie schrie ihn an,
Und schwach sei er und käme nicht voran,
Da schlug er zu
Und traf sie ins Gesicht,
Dass er sich vor sich selbst erschrak,
Das hatte er niemals gewollt,
Und sie bedachte ihren Schmerz,
Der tat ihr gut,
Das würde er sofort bereuen,
Und sie legte sich an seine Seite,
Zog mit ihren Armen
Seine Schultern tief zu sich herab,
Und dachte an das Glas im Nebenzimmer,
Das sah sie durch ihn und durch die Tür hindurch
Mit Freude an.

Das Loch im Fell der Zeit

Die Vergangenheit

Sonntags ging er aus,
Mit einem kleinen Kind an seiner Hand.
Der Altersunterschied
War sehr, sehr groß,
Obwohl das Kind sich, siebenjährig,
Nicht mehr für ein Kind hielt:
„Ich bin jugendlich", so sagte es.
Es mochte sein.

Er hatte kürzlich erst beschlossen,
Häufiger mit diesem Kind
Das zu entdecken,
Was es für ihn lange nicht mehr
Zu entdecken gab.
Er kannte sich noch leidlich aus.
Das Kind an seiner Hand
Verstand es viel zu fragen,
Und es konnte lange Strecken schweigen,
Dann sprach er
Und er bedachte, nicht so viel zu sprechen,
Und bedachte seine Worte,
Dass sie einfach blieben,
Einprägsam und bildlich
Und verständlich, also Worte,
Die das Kind verstehen konnte,
Ohne alles zu verstehen.
Eine Frage konnte ruhig offen bleiben.

Und das Kind befragte ihn nach Dingen,
Die es kannte, und er kannte davon wenig,
Und er wollte diesem Kind von dem,
Was er sehr gut verstand,
Was ihn, ein Leben lang
Umgeben und begleitet hatte,
Einiges erzählen.

Dazu sagte dieses Kind ein wenig zu erwachsen:
"Das weißt du von ganz, ganz früher,
Und das hat mir unsre Nachbarin
Genau wie du erzählt".

Er dachte nach
Und dachte, das sei seine Schuld
Und auch: so ist es eben.
Neben mir geht eine Zeit,
Die hat mich an der Hand,
Und sie ist meine Zeit,
Ich leb' in ihr
Und kann darin
Nur kleine Kinderschritte machen.

Die Gegenwart

Sie hatte den Geburtstag,
Und sie wollte feiern,
Und sie hatte eingeladen,
Und es kamen Freunde,
Und es kamen Freunde,
Die ihr keine Freunde waren,
Und sie nahm es hin und ihn,
Der sie ihr brachte,
Und sie lebte ab und zu mit ihm
Bei ihm und auch bei ihr,
Und übertrieben liebte keiner
Von den beiden,
Und sie hatten sich auch dauernd in Verdacht.

Er hatte etwas Geld,
Und sie war einfach schön,
Das fiel ihm an ihr auf,
Das schrieb er ihr in schönen Worten,
Und sie staunte über ihn
Und sagte sich:
„Sonst ist er doch recht schmerzlich primitiv"
Und sagte es zu ihm

Und konnte dabei lachen,
Und das faszinierte ihn,
Weil sie dabei die ganze Schönheit
Zum Entfalten brachte.

Abends gab es noch Musik
Und gutes Essen,
Und er blieb bei ihr,
Weil er vergessen hatte nichts zu trinken,
Wegen dieser Fahrerei.
Er war doch schon sehr laut.

Die Gäste waren langsam wieder fort,
Und er alleine fand kein Ende,
Und sie wollte schlafen gehen,
Und sie hätte ihn ertragen,
Und er trug sich nicht zu ihr,
Und störte in dem ganzen Haus
Mit Radiomusik die Ruhe,
Und sie ging entschlossen,
Wie es Frauen sind, die sich entschließen,
Mit der blanken Schere
An das Anschlusskabel,
Und sie schnitt es durch.

Es blitzte kurz,
Und die totale Ruhe kehrte ein,
Sie legte ihre Schere auf die Seite,
Ging ins Bett,
Er kam in Dunkelheit zu ihr und ließ sie sein
Und sagte nur:
"Du hast ein unverschämtes Glück gehabt.
Die Schere war doch Ganzmetall".
Dann schliefen beide ein.

Die Zukunft

Würde man ihm einen Traum erfüllen,
Hätte er nur einen freien Wunsch,
Den würde er sich wünschen.
Immer hatte er die Antwort auf der Zunge,
Und er gäbe viel, viel her
Und hatte nichts zu geben.

Und er stellte es sich einfach vor:
Es würde jemand kommen
Und ihn fragen,
Ob er in die Zukunft reisen wollte,
Weil man sowieso die Reise machte,
Und es sei ein Platz noch frei,
Den könnte er nun haben,
Und er wollte gar nicht wissen,
Wie es in der Zukunft war
Und ob ihn Reichtum oder Glück erwartete.
Er wollte dieses Abenteuer,
Schneller als die Zeit zu sein,
Um seinetwillen,
Und er dachte sich:
Die Zeit verginge hier viel schneller
Als dort draußen,
Das war immer so gewesen,
Und er lebte in der Gegenwart,
Und seine Zeit stand still.

Das erste Jahr nach seinem Unfall
Hatte er auf der Station gelegen,
Alles war an ihm gelähmt
Und ohne Schmerzen, dann,
Nach mühevollem Mühen anderer,
Versetzte man ihn in den Rollstuhl,
Den fuhr auch ein anderer.

Man baute aber ein Gestell
An eine Seite, daran klemmte
Eine Zigarette, die war nah genug,

Die konnte er allein erreichen.

Seine Welt war klein und eng geworden.
Wäre er im „Boot",
So nannte er die Fähre in die Zeit,
Dann müsste man doch gradezu
Nach Leuten Ausschau halten,
Die sich nicht mehr selbst bewegten,
Und er wäre es zufrieden,
Würden ihn Maschinen
Bis zur Wiederkehr darin bedienen,
Und die Fähre mochte ihn und seine Zeit
Gern überdauern
Und für ihn nie wiederkehren.

Der Maler und sein Modell

In einem französischen Atelier

So sicher, wie sie seiner heute ist,
War sie noch nie.

Ein junges Ding, das gut gekleidet, etwas frech
In seinem Atelier zum Fenster schaut
Und sich die Schatten kleiner Blätter
In die Augen fallen lässt
Und das zugleich in einem Sonnenausschnitt glüht
Und Wärme strahlt.

Er malt nur, was er sieht:
Die Mädchenfrau,
Die auf dem Schaukelstuhl, den es nicht gibt,
Sich selbst genug,
Die Finger über ihre Kleider schiebt,
Und mit den Blicken nach
Denselben Schattenblättern jagt,
Die sie besetzen, die im Auf und Ab der Schaukelei
Zu eignen kleinen Schaukeln werden.

Von den Bildern, die in ihm entstehen,
Ahnt sie nichts,
Und ihre Augen schauen munter wieder
Auf den Maler an der Staffelei.

Sie streckt sich unter ihren Gliedern,
Ja, das Atelier macht frei.

Sie würde gerne später,
Ließe ihr die Zeit noch Zeit,
Ihm etwas länger,
Etwas näher sitzen,
Und sie denkt gelassen ans Nachher,
Das will sie sich schon jetzt bewahren.

In einem englischen Atelier

In seinem Atelier
Vermeidet er direktes Licht.
Er mag es stimmungsvoll,
Und sie, die junge Frau,
Sie kennen sich seit Jahren
Und nur sich,
Weiß um die Dinge.

Er will Größe, Tiefe malen,
Ihre Sonnen in den schwarzen Augen treffen,
Die Verstecke ihrer Haut,
Den langen Schatten, den ihr Körper auf den Boden wirft,
Das heimliche Verschwinden dieses Wesens
Hinter einem fremden Kaltstern,
Der schon fast im Explodieren steht,
Will alles auf die Leinwand bringen.

Sie dringt tief in ihn
Mit ihrem Schweigen
Und mit ihrer Duldsamkeit
Und einer reinen Landschaft,
Die lenkt jeden Blick auf sich.

Sie weiß von seiner Zeit
Die rast im Flug vorbei
Und dauert dennoch eine
Ewigkeit, sie weiß auch,
Dass er heimlich ihre
Blumengärten erntet,
Die bepflanzt sie nur für ihn
Und lässt sich alles, was sie denkt, von ihm
Aus ihrem Munde rauben,
Nur um seinetwillen.

Dieses Jetzt ist das Nachher für sie
Von dem sie immer träumt,
Das will sie sich bewahren.

In einem deutschen Atelier

Im ganzen Haus ist alles still.
Der Künstler sitzt in seinem Atelier
Und blickt auf das Modell
In einer Ruhe, die nicht ruhig werden will,
Und seine Augen geistern über es hinweg
Und nehmen hier den Arm,
Ein Stück vom Leib beiseite,
Legen ihre Beine fort
Und schieben sie ihr auf den Rücken.

Gut, dass sie nichts sieht von dem,
Was er sich denkt, denkt sie,
Sie fände sich nicht wieder.

Ihre Haare fallen weich und lang,
Das ist ein Anfang, wie er ihn sich wünscht,
Und diesmal will er alles mit dem dritten Auge sehn,
Das, hat er ihr erklärt,
Sitzt hinter seiner Stirn
Und reagiert auf Wärme.
Rot wird er sie malen,
Rot in allen Tönen, rot in allen Farben,
Und die Leinwand steht als Halteschild dazwischen.

Nun, so will er es,
Soll sie sich auf den Körper malen lassen,
Und sie lässt es zu und lebt ja auch mit ihm,
Und aus dem Fenster ruft er
In die menschenleere Straße seine neue Welt,
Und alle lädt er ein zu sich,
Danach verlangt er Wein.

Sie lebt schon lange so mit ihm zusammen
Und reicht ihm ein Glas
Und denkt an das Vorher,
Das wird nachher zum Jetzt,
Das muss sie sich bewahren.

Künstler

Der Maler

Damals, als er ihr das erste Mal begegnete,
War er noch nicht so weit in seiner Malerei
Und hatte sein Archiv
Im Krieg verloren,
Selbst an seine Frau gewöhnte er
Sich kaum zurück.
Sie ließ ihn sehr schnell frei
Und trug ein Kind noch aus,
Das war von ihm,
Und sonst betrat er schon nicht mehr
Ihr Haus.

Er lebte nun mit einer Tänzerin,
Die brachte ihn voran
Und stellte bald das Tanzen ein
Und sich ihm völlig hinten an.
Er malte damals:
„Die entfernten Welten"
Und das Bild:
„Zweimal die Unendlichkeit",
Das war sein Widerspruch an sich,
Die Werke ließen sich auch nicht verkaufen.
Seine neue Liebe blieb ihm fest,
Er wollte auch im neuen Leben nie mehr
Unzufrieden sein,
Das war für sie zum Guten,
Denn sie war im Haushalt nicht viel wert.
Er liebte sie darum
Und auch der andren Reize willen,
Die sah niemand außer ihm,
Und sie war immer still in seinem Schatten.

Leider stellte sich bei ihm sehr schnell
Ein Leiden ein, das war nicht mehr zu heilen,
Sie war stets um ihn

Und sie umsorgte ihn,
Seit damals geht er an zwei Stöcken.

Beide wurden langsam alt,
Er schneller mehr als sie,
Und malte die entfernten Welten
Hundertmal und neuer,
Und sie kamen ihm nicht nah,
Und besser, dachte sie,
Wär er bei den Portraits geblieben,
Die verkauften sich viel besser.

Seine ewig junge Hoffnung
Stiehlt ihm manchmal seinen Atem,
Und er denkt dann über Preisausschreiben nach
Und nimmt an ihnen teil
Und reicht ein Lichtbild neben seinen Bildern ein,
Und sonst verachtet er die Fragebögen,
Weil er meint, dass die nicht in die Kunst gehören,
Und man gibt ihm auch Bescheid,
Dass leider wegen der Formalität...

Er will sich einfach immer wieder zeigen
Und gesehen werden,
Und von meinem Sohn schuf er ein
Kleinportrait, das schenkte er ihm nebenbei.
Das ist, meint er, nun
„Zweimal die Unendlichkeit",
Das könnte jeder sehen,
Und es sei ein Meisterwerk.

Der Komponist

Gelesen habe ich von ihm,
Dass er ein rauher Vater
Und sehr mürrisch jederzeit gewesen sei,
Und in dem nahen Wald
Soll er beim Komponieren
Nur mit Bleistift seine Noten
Aufs Papier gekritzelt haben,
Ohne ein Klavier.

Kaum hatte er im Ernst
Die Hoffnung und den Glauben,
Die Musik, die er doch selber schriebe,
Würden seine eignen Ohren
Einmal zu Gehör bekommen,
Und er konnte sich von Hause aus,
Die Liebe zu den Noten leisten,
Und, als man ihn endlich brachte,
Mehr aus Trotz und reinem Zufall,
War er gleich verschrien.
Man sprach von einem musikalischen Gemetzel,
Und das konnte man so nicht zu Ende bringen,
Musik, meinte man, sei etwas anderes.

Für ihn war die Musik,
Was die Musik nun einmal war,
Und in die Ohren andrer Leute
Wollte er sich nicht versetzen,
Und er war bereit nun selbst zu dirigieren,
Und er stand in diesem Augenblick
Schon etwas über sich

Und wuchs dabei,
Sich wieder zu erreichen.

Seine Ohren, seine Hände
Schickte er in die Orchester,
Seine Augen herrschten fürchterlich
Und kannten keine Gnade,

Und die Garde hoch bezahlter Kritiker
Und wortgewandter Wissenschaftler
Schlachtete er wegen unbedachter Worte
Mit dem Dirigentenstab
Auf seinem Dirigententisch.

Er hatte etwas zu beweisen.
Ihn daran zu hindern,
Durfte niemandem gelingen.

Der Dichter

Er ging stets allein
Und ihm im Rücken seine Frau,
Die ließ ihn wie er wollte sein
Und richtete sich ein mit ihm
Nachdem sie seine Launenhaftigkeit
Verstanden hatte
Und sich nichts mehr dabei dachte.

Früher hielt sie seine Schreiberei
Für eine seiner Launen,
Später, als sie ihn auch einmal lesen sollte,
Wollte sie den Augen nicht mehr trauen.
Die Gedanken, die sie aufgeschrieben fand,
Entsprangen einer völlig fremden Welt,
Die könnte sich im Leben nicht behaupten.
Seine Arbeit hatte sie
Auf ihren Tisch gestellt
Und weit verdrängt.

Sein Schreiben riss nicht ab
Und die Besessenheit nahm zu,
Und eine Ruhe ganz besondrer Art
Ging von ihm aus,
Die ließ den Alltag gänzlich
Ihr zu Füßen fallen,
Und er stand nicht von alleine auf.
Sie packte alles an

Und brachte alles ganz alleine hoch, das fand er gut
Und gab auch seine Wandlung zu,
Und seine Ruhe brachte ihm zugleich Entsetzen,
Denn in einer unbekannten, harten Weise
Schreckte er von jedem äußeren Geräusch zusammen,
Und vor jedem Bild, das sich bewegte.
Seine Not, in der er sich befand war groß,
Und sie bedrängte ihn sehr schlimm,
Dass er, ihr zu entgehen,
Nur noch als ein Fremder
Unter lauter Fremden
In der Stadtbahn fuhr und schrieb.
Dort nahm man nicht Notiz von ihm,
Und er war unbekannt
Und wurde sich hier selber anonym,
Und nichts erreichte ihn.

Sinne

Sehen

In deinen Augen
Finde ich das Diadem,
Das könnte eine Königin
Als Stirnband tragen,
Und die Stirn, die sich als Segel wölbt,
Fängt etwas höher an.
In ihr steht ein Gedankenwind,
Der steigt als Funkenflug,
Als Streugut in die Augen anderer
Und heftet sich an jeden,
Der dich kreuzt.
Gebräunt ist deine Haut
Und jugendlich,
Und ohne Sorgen kannst du dich
In eine kleinste Kleinigkeit verlieben
Und darin die Welt umarmen.
Deine schmalen Schultern

Sind nur dafür da,
Die Kleider schulterfrei zu tragen,
Und es wächst dir eine zarte Brust,
Die, spürt man, ist ein Teil von dir
Und ist dir keine Last
Und ist ein Pol,
Um den sich alles an dir dreht,
Den hast du aufgeteilt,
Weil es sich so ergab,
Und sicher stehst du ab und zu
Vor dir in Willkür und in deiner Nähe
Vor dem Spiegel
Und bespiegelst dich in Eigenwonne,
Die kann dir kein andrer geben,
Die ist etwas anderes,
Als alles was es gibt und völlig nutzlos,
Und dein Leib darunter wächst,
Als schlängle er sich
Durch den Daumen und den Zeigefinger
Einer übergroßen Hand,
Die schließen einen Ring
Um deine Taille,
Und die Haut fließt weiter
Als ein Wasserfall,
Der unterspült ein Moos,
Das wächst gerade,
Und das ganze steht
Auf
Schlanken, jungen Birkenbeinen,
Die sind weiß und weißer;
Als den Anflug heller Wurzeln
Nimmt man deine Füße,
Die sind so verschont,
So unberührt geblieben,
Dass die Sohlen weicher sind
Als deine Innenhände,
Und sie sind geschmeidig,
Strecken sich als Tänzerinnen ausgestreckt
Weit über ihren Bogen
Und genießen bis in jede Zehenspitze

Ihre Freiheit,
Und man möchte sie in eine Höhe heben
Und als schwebende Erscheinung tragen
Und bewundern lassen.

Hören

Es war ein junger Mann,
Der kam zurück in sein Hotel.
Man hatte ihn gesandt
Geschäfte zu betreiben,
Und der Tag war lang gewesen,
Und von diesem Tag war nichts geblieben.

Müde war der Abend,
Der lag auf dem Bett
Und hatte sich von ihm in Müdigkeit
Getrennt,
Und er vermisste alles,
Was ihn hätte heimisch werden lassen,
Und es ging ja auch um den Erfolg,
Der schmeckte bitter,
Wenn man auf ihn warten musste,
Und es schwebte eine Großmaschine ein,
Die flog sehr niedrig,
Und die Fenster seines Zimmers
Standen offen.

Gegenüber sah er bei dem Lärm
In ein privates Zimmer,
Das hielt seine Augen an,
Und mit dem Pfeifen der Turbinen,
Das verebbte, klang von dort
Ein Saitenzupfen, das wurd deutlicher
Und war Musik, die ihn umarmte,
Und er selbst war Saitenspieler,
Das, so wusste er,
Vermisste er an diesen Abenden,
Und die Musik war sanft und weich

Und schnell und schwer
Und sehr modern
Und trotzdem jugendlich
Und voller Träume und voll Übermut,
Und viele Griffe konnte er
Mit seinem Ohr verfolgen,
Und er betete,
Dass nicht noch einmal ein Geräusch
Dazwischen käme,
Und er wollte die Musik genießen,
Und er dachte sich
Als Spieler dieses Instrumentes eine Frau,
Die musste hinter den Gardinen sitzen,
Und sie spielte sicher nicht vom Blatt
Und spielte alle Freiheit mit,
Die jemand haben konnte,
Und es war ein Glück,
Dass sie nicht an das Fenster dachte,
Das stand herrlich offen.

Ihre Melodie beflügelte sich selbst
Und wuchs in hohes Klirren
Junger Birkenzweige aus,
Es war ein liebliches, ein leibliches Gespiel,
Das spielte ohne Unterlass,
Und es erinnerte an einer Stelle
An ein Seufzen, an das Schluchzen
Einer Nachtigall und an das Singen
Dieses Vogels.

In dem offnen Fenster machte er sich's
Ohne einen Laut bequem,
Der Abend stand von seinem Lager auf,
Der Tag war jetzt ein Tag, der war.
Er fing nun an und nur für ihn,
Und seine Neugier war geweckt
Und eine wahre Scheu vor dieser Künstlerin,
Weil er die Schwierigkeiten kannte,
Und die Melodie verklang nun ganz natürlich
In der Stille, schlug noch einmal an,

Noch einmal nach,
Dann legte eine Hand das Instrument beiseite,
Und ein alter Mann zog in Bedacht
Den Vorhang vor das Fenster
Und verschloss es ganz
Und sah nicht weiter auf die Häuserreihe
Auf der andren Straßenseite.

Riechen

Sie ging schnell aus dem Haus
Und hatte vieles vor,
Und vieles war vor ihr,
Und ihre Augen sprangen als die Gummibälle
Von der einen Hand zur anderen,
Dass sie an alles dachte,
Alles mit sich hatte,
Und sie hatte auch Termine,
Und die saßen fest auf ihr,
Und über ihr, das sah sie im Beiseitesehen,
Stand der Flieder voll im Flieder,
Und es war der Duft, der sie erröten ließ,
Sie wusste nicht warum,
Und war vor sich ganz machtlos,
Und sie hätte sich beeilen müssen
Und blieb stehn
Und legte alles aus der Hand
Und sah sich um
Und niemand sah ihr nach
Und sog den Duft des Flieders,
Der im Flieder stand, mit Mund und Nase ein
Und zog den Zweig mit einer blauen Doppeldolde
Tief zu sich herab
Und wurde zu dem Katzentier,
Das schlich um eine Öffnung,
Und es wich nicht einen Schritt davon.
Der Duft des Flieders, der im Flieder stand,
War immer schon Verwirrung
Und die Zügellosigkeit für sie gewesen,

Und sie kannte sich
Und sah sich langsam wieder um,
Dass niemand auf sie achtete
Und schloss die Augen und schob ihre Nase
In die Blütenstände,
In das blaue Beet und kam zurück
Und zupfte mit dem Finger eine Blüte aus,
Die schob sie mit der Spitze in den Mund,
Und sog durch diese dünne Röhre
Süßen Blütenstaub.
Als Kinder hatten sie vom Honigsog gesprochen,
Der lag auf der Zunge.

Und sie sprang beherzt und in dem
Rausch der Sinne, fast besinnungslos, ins Blaubeet,
Biss, so schnell es ging,
So kräftig sie nur konnte zu,
Und bitterer Geschmack entzündete den
Mund zur Höhle,
Und sie stieß sich einen spitzen Zweig,
Den hatte sie nicht sehen können,
In die Unterlippe,
Und der Schmerz war stark und gut,
Und Blut quoll gleich heraus
Und überlief ihr Kinn
Und tropfte auf ihr Kleid,
Und ihre Hand verwischte es,
Und sie empfand darüber eine Freude,
Und sie stand noch in der Tür,
Und alles, was geschehen war,
Blieb hier und ein Geheimnis zwischen ihr und ihr.

Im nächsten Jahr, so dachte sie,
Würd sie sich dafür
Unter neuen Wonnen
Rächen.

Kunst und Körper

Die Körperkünstlerin

Einmal war sie eingeladen,
Und sie hatte ihren großen Tag.
Es war der Tag,
An dem man diese Galerie
Mit ihr und einem anderen
Eröffnete.

Sie war bestimmt sehr tolerant,
Doch was ihr Kunstnachbar erbrachte,
Runden Käse an die Wand genagelt
Und mit blöden Zetteln ausgeschriftet,
Dazu der Gestank,
Der sich durch alle Räume zog,
Empfand sie doch als unerträglich,
Und sie sah in ihm nicht den Kollegen.
Aufgeblasen, dumm und ohne Können
Übersah er sie.
Ihr ging es nur um ihre Kunst,
Und wenigstens die Lüftung funktionierte.

Abends gab man ihr den Auftritt
Vor den Kameras.
Sie hatte alles ausprobiert
Und würde nicht viel Zeit gebrauchen,
Das war viel zu viel,
Und man versprach an diesem Abend
Zwei Minuten nur für sie zu reservieren.

Schrecklich ist die Enge,
Die man hat,
Wenn man in Weite lebt.
Sie war ja eine Körperkünstlerin,
Ihr Körper war ein Teil der Kunst.
Sie riss in einem kurzen Tanz
Papierne, angerissne Blätter von der Wand

Und fiel mit ihnen,
Mehr war wirklich nicht zu sehen,
Auf den Boden, wo sie sich entwickelte,
Und das Papier blieb unter ihr
Als ein Parkett.

Sie konnte es noch einmal machen
Dann war sie erschöpft.

Die Galerie war diesmal
Zwanzig Wochen auf,
Und umgerechnet auf den Tag,
Die Rechnung stellte sie tatsächlich an,
Besuchten sie
Zwei Komma so und so viel Leute,
Damit lag sie gut.

Sie hätte nur, ganz streng genommen,
Diese Zahl noch einmal teilen sollen,
Wegen des Kollegen.

Der Körper einer Kunst

Er achtet auf den Halt der Bahn,
In der er sitzt.
Als nächstes kommt der Hauptbahnhof,
Das ist dann die Station,
Auf der er diesen Vorortzug
Auf jeden Fall verlassen muss.
Dahinter liegt gleich die Museumsinsel.
Das ist nur „geweihtes" Land,
So könnt' man sagen,
Mitten in dem Land,
Das keine Weihen liebt,
Und das die Kunst an sich nicht leugnet,
Aber so an sich in Frage zieht,
Sie muss nicht sein,
Man sieht was sie verschlingt,
Und niemand denkt dabei an einen Künstler,

Der vielleicht daran zu Grunde ging.

Er kennt den Weg und lief ihn oft genug,
Weil manchmal nur Minuten fehlten
Bis zum Schließen.

An der schweren Drehtür holt er Luft,
Zahlt schnell die Eintrittskarte,
Dann die Treppe rauf,
Links in den Eingang,
Noch ein Stückchen durch die Galerie,
Dann wieder Stufen,
Die ihn abwärts führen,
Und nun sieht er ihre Füße schon,
Die stecken in den Schuhen,
Dann entsteht sie ganz vor ihm,
Ein Frauenbild, das ihn unendlich reizt
Und auch beruhigt.

Kleine Blumen zieren ihre Strümpfe,
Und sie steht kokett.
Sie trägt ein Mieder, das ist aus der Mode,
Und sie sieht auf den Betrachter,
Und der Mann an ihrer Seite, mit Zylinderhut,
Ist durch den Rahmen abgeschnitten,
Das war damals neu,
Und es betonte ein Technik,
Die die Malerei bedrohte.

Dieses Bild ist nur für ihn.
Es war zwar einmal ausgeliehn,
Das musste er verstehn,
Und sonst versteht ihn niemand hier.
Nur selten, im Vorübergehn,
Bemerkt ihn jemand.
Dieses Frauenbild, nein diese Frau,
Ist Öl für ihn
Und seine „Augerei", so nennt er es,
Und sie erwartet ihn,
Sie sprechen miteinander,

Sagen etwas zueinander,
Schnell geht alles, schnell,
Dann dreht er sich schon um,
Verlässt sie und sieht nicht zurück.
Er schwört, er möchte niemals wiederkommen
Und kommt ganz bestimmt zurück
Und wartet auf den Augenblick,
Wo einer von den beiden
Sich vom andren trennen wird.

Die Kunst als Körper

Er stand nun so vor seinen Werken,
Und er fand sie gut.
Sie hingen an der Wand,
Und einige gerieten auf die Erde,
Die war angefahren worden,
Um das Irdische in seiner Kunst zu zeigen.

Heute war der dritte Tag,
Die Galerie war wieder leer.
Man hatte es ihm gleich gesagt,
Wenn er am ersten und am letzten Tag
Erscheinen würde, reichte es.
Das Haus, das ihn verkaufen wollte
Hatte viel Erfahrung.
Diese, das empfand er schnell,
War eine von den bitteren.
Er hatte sich noch gegen die Eroberer
Und Besserwisser wehren können,
Und er staunte, dass man trotzdem
Über ihn noch etwas schrieb.
Das schnitt er aus
Und klebte es in eine Sammelmappe.
Kaffee gab es hier genug
Und eine Halbtagskraft,
Die hatte keine große Kraft,
Und wusste nichts zu reden,
Und sie ließ nur immer wieder

Ihre schweren Augenlider
Langsam als die dunklen
Falterflügel fallen.
Das, so dachte er, wär' ein Modell,
Man müsste es als Mobile verarbeiten
Und seinen Mechanismus kennenlernen.

Und er kam am vierten Tag
Mit langen steifen Drähten,
Die verband er so im Gleichgewicht,
Dass sie zu schweben schienen,
Und sie hingen hoch im Raum,
Und zwei von ihnen mussten sich,
Wenn andre in die Höhe stiegen,
Langsam auf den Boden senken,
Daran klebten kleine Segel.

Unerwartet schied die Halbtagskraft
An diesem Tage aus
Und kam nicht wieder,
Und es war ihr vierter Tag gewesen,
Und er rief sie abends an
Und fragte sie am Telefon
Nach ihrem Mechanismus,
Den sie ihm erklären sollte,
Und er käme sonst nicht mehr voran.

Sie sagte auch,
Sie könne ihn sehr gut verstehen,
Und sie hatte einen Freund,
Und der verstünde nichts davon.
Da ließ er seine Fragerei an ihr
Und sah in ihrem Kopf in seinem Kopf
Sich die Gewichte schwerer
Augenlider senken
Und genauso langsam heben.

Weitere Veröffentlichungen von Harald Birgfeld in Druck und
Herstellung bei: Books on Demand GmbH, 22848 Norderstedt und
online.

Lyrik:

Alsterwanderweggedichte, *41 zeitgenössische Gedichte,*
(illustriert), 48 S.
..and I said to myself, what a wonderful world, *36 Gedichte mit*
fantastischen Inhalten, 44 S.
Auf deiner Reise zum Rande im Rande des Randes der Sonne
187 Gedichte: Im Innern der Sprache werden Kräfte freigesetzt.
184 S.
Die Insassinnen, *Epos, Lyrik, Außenlager KZ-Sasel, 136 S.*
Die Zeit der Gummibärchen ist vorbei, *76 zeitgenössische*
Gedichte, (illustriert), 108 S.
Feuer, das zur Speise wird, *114 Gedichte aus meiner digitalen Welt,*
68 S.
Für dich..., *43 Liebesgedichte und 15 Augen-Blicke, 32 S.*
Gedichte, veröffentlicht in ausgewählten Anthologien, und
Namenlos von meiner Insel, **42 Briefe, Lyrik, 108 Seiten,**
Großes Liebestestament, *68 Liebesgedichte, 144 S.*
Honigweißer Duft, *14 fantastische Gedichte, 32 S. dabei*
14 farbige Seiten.
Liebestestament, *37 Gedichte Liebeslyrik, 44 S.*
Mund aus Glas am Rand aus Fleisch, *114 Gedichte,*
Schwarze Liebeslyrik, 120 S.
Sofortige Lähmung, *112 Gedichte aus dem Innersten, 72 S.*
Unter einem Mikroskop, *36 Gedichte für eine parallele Welt, 28 S.*
Von Haut zu Haut, *132 Gedichte: Was macht meine Liebe an dir und*
an mir mit mir und mit dir? Liebeslyrik. 48 S.
Wir gerieten in den Gürtel der Meteoriten, *10.000*
Aufschläge, Band 14: Aufschläge 6502 – 6999, ca. 500
Strophen aus einem Zyklus von 10.000 Strophen. Lyrik.
224 Seiten
Wo die schwarzen Blätter wachsen, *129 erotische Gedichte? 76 S.*

Lyrik von Harald Birgfeld erschien in mindestens 27 Anthologien

Prosa:

Die Tätowierungen der jungen Tanja W. : *„Die Tätowierungen der jungen Tanja W." handelt von der Selbstsuche und Selbstfindung einer jungen Frau, 132 S.*
Fünf Veröffentlichungen/Five Publications (deutsch/englisch), *32 S. Format A5 (1 Band)*
Theorie und Utopie der eigenen Zeit,
Theorie und Utopie der anderen Zeit.
Die Zeit der Gleichungen ist vorbei
Societ lyrics, was ist das?
Folienbilder-Entstehung
Kleine Fibel Arbeitsschutz *(für die praktische Arbeit) an:*
„Hochschulen", „Kindergärten", „Schulen" (3 Bände)
Trennung von B.
Phänomen, Trennung, 2017, 148 S. A 5
Pina Bausch, *Nachruf*
Vom Sterben nach dem Tod
Warten auf die Anderen.
Trennung erster, zweiter und dritter Art, 104 S. A5

Weitere Veröffentlichungen von Harald Birgfeld, derzeit online unter
www.Harald-Birgfeld.de
Im Volltext für jedermann zugänglich und einsehbar.

Lyrik:

Bärbel und Harald, Epos, *Gedicht in 93 Teilen*
Die Insassinnen, Theaterstück, *Außenlager KZ Sasel, 3 Akte*
Gespräche dritter Art, *90 zeitgenössische Gedichte*
Gespräche zweiter Art in Art der Art,
89 zeitgenössische Gedichte
Im Reißverschluss der Illusion, *57 Facettengedichte*
Wir gerieten in den Gürtel der Meteoriten, *10.000 Aufschläge,*
23 Gedichtbände

© 2018
Herstellung und Verlag: BoD – Books on Demand, Norderstedt.
ISBN: 9783748130055